Der Schlüssel
zum besseren Verständnis
des ISLAM

Erste Ausgabe

Wenn Sie den Wunsch haben, mehr Informationen über den Islam zu bekommen, beziehungsweise Korrekturen, Kommentare oder Fragen zu dieser Veröffentlichung haben, zögern Sie nicht und schreiben uns an folgende Adresse:
Info@thekeytoislam.com

Die Website Von dem Buch

Der Inhalt dieses Buches und mehr Information über den Islam finden Sie unter der Online Adresse:
www.thekeytoislam.com

Übersetzt von:
Om Iman & Ahmed Ateia

Revision
. Dr. M. Mohammed Ghembaza (Abu Ammar)

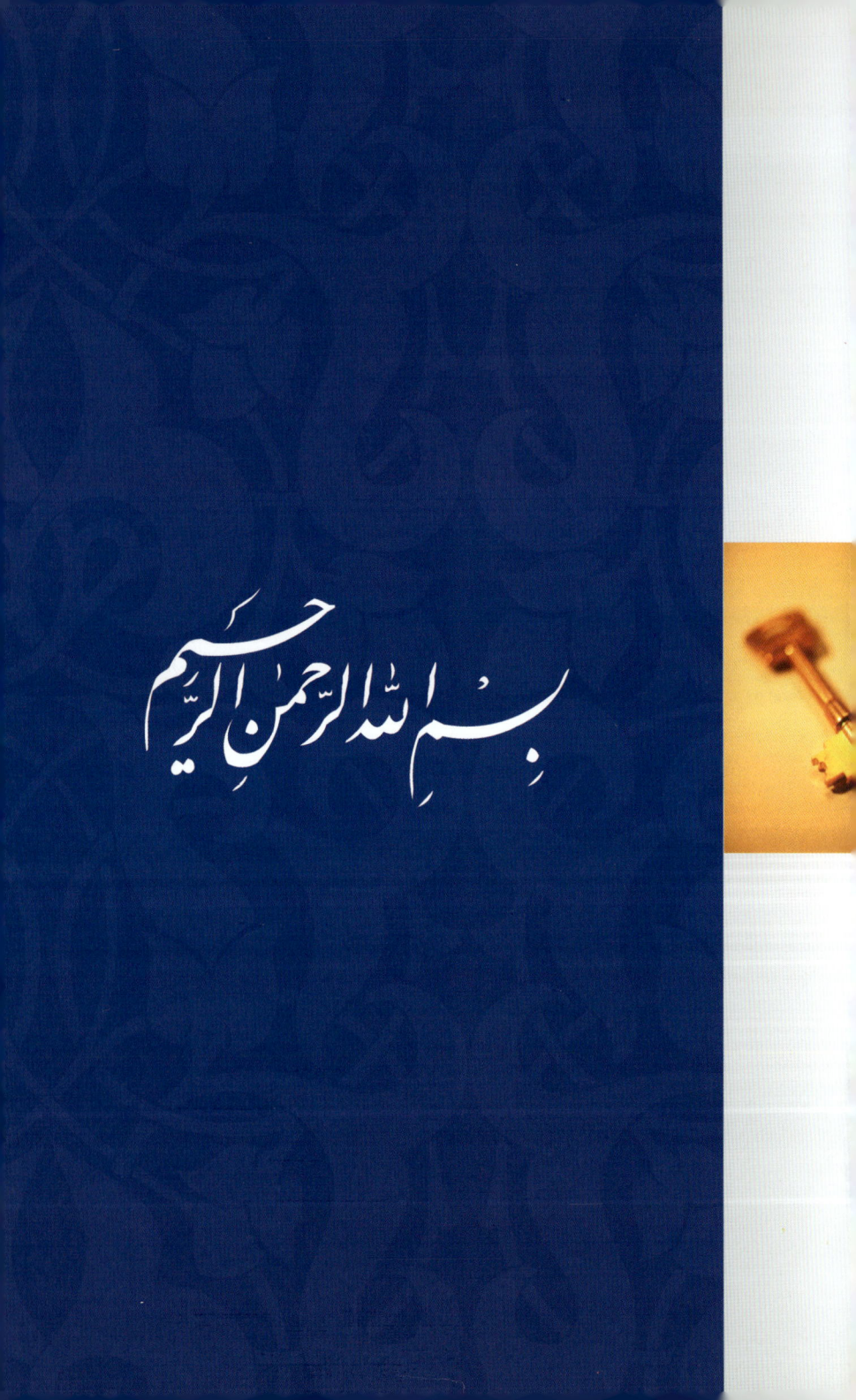

بِسْمِ اللَّهِ الرَّحْمَنِ الرَّحِيمِ

Inhaltsverzeichnis

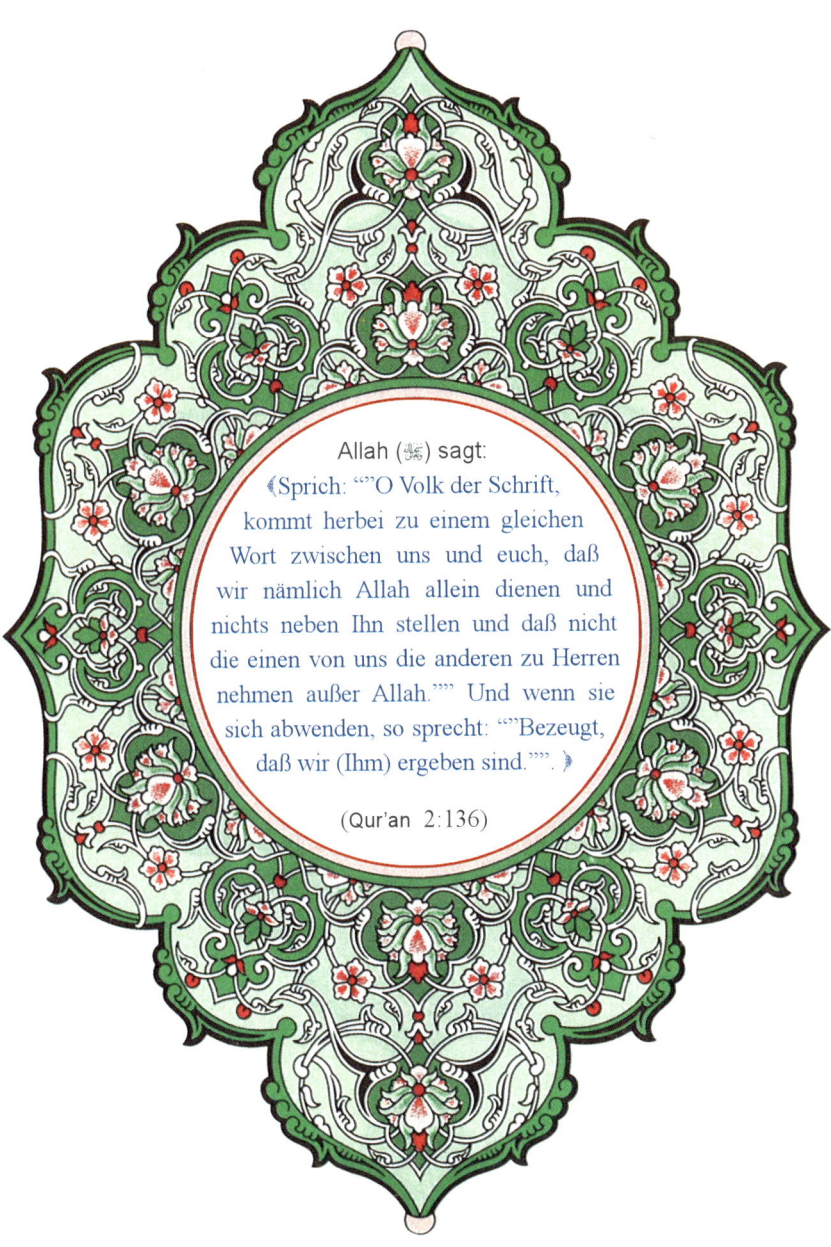

Allah (ﷻ) sagt:

《Sprich: """O Volk der Schrift, kommt herbei zu einem gleichen Wort zwischen uns und euch, daß wir nämlich Allah allein dienen und nichts neben Ihn stellen und daß nicht die einen von uns die anderen zu Herren nehmen außer Allah."" Und wenn sie sich abwenden, so sprecht: """Bezeugt, daß wir (Ihm) ergeben sind."".》

(Qur'an 2:136)

Der Schlüssel
**zum besseren
Verständnis**

des ISLAM

Der Autor:
Dr. Abdul-Rahman al-Sheha

Das Thema dieses kurzen Handbuchs ist die zuletzt offenbarte göttliche Religion. Mit dieser hat Allah die Religion von Moses und Jesus (ﷺ) ergänzt und vollendet.

Somit hat Allah (ﷺ) alle vorherigen Religionen aufgehoben und die Religion vollkommen gemacht.

Eine Religion, an welche über eine Milliarde Menschen auf dieser Erde glauben und auch praktizieren (gemäß den aktuellen Statistiken).

Eine Religion, die von vielen Menschen bezeugt und angenommen wird, obwohl sie wenig Unterstützung in menschlicher und finanzieller Hinsicht bekommt. Es kommt sehr selten vor, dass jemand aus ihr austritt, nachdem er sie angenommen hat.

Ein wichtiger Hinweis:

Werter Leser, bevor Sie anfangen das Buch zu lesen, sollten Sie wissen, dass der Qur`an kein wissenschaftliches Buch ist. Aber er (der Qur`an) würdigt das Wissen und die Wissenschaftler und sichert ihnen ein hohes Ansehen innerhalb der islamischen Gesellschaft zu und befiehlt, sie hoch zu achten und zu respektieren.

Der Qur`an ist eine Verfassung, die ein komplettes Programm im politischen, wirtschaftlichen, sozialen, moralischen und pädagogischen Bereich bietet, welche das Leben der Muslime und ihre Beziehung zu anderen Geschöpfen, die in diesem Universum leben, regelt.

In diesem Buch verbinde ich den Qur`an nicht mit den wissenschaftlichen Entdeckungen und der modernen Wissenschaft oder umgekehrt; sondern ich sage, dass es im Qur`an Verse (Ajat) gibt, die von dem handeln, was die moderne Wissenschaft unserer Gegenwart erst herausgefunden hat. Der Qur`an spricht nämlich von vielen Zeichen dieses Universums, wie zum Beispiel von der Sonne, dem Mond, den Sternen, der Nacht, dem Tag, dem Himmel, der Erde, den Tieren, den Pflanzen, den Wolken usw....wodurch der Mensch angeregt werden soll, sich Gedanken über seinen Schöpfer, Dessen Erhabenheit und umfassendes Wissen, zu machen.

Ich hoffe, dass dieses Buch für jeden, der es liest, eine Einladung darstellt, den Qur`an richtig kennen zu lernen, von dem Allah (ﷺ) sagt:

❨an das das Falsche weder von vorn noch von hinten herankommt, eine Offenbarung von einem Allweisen und Lobenswürdigen.❩ (Qur`an 41:42)

Was ist ISLAM?

- Islam bedeutet, sich Allah in seiner Einzigkeit zu ergeben (Monotheismus), Ihm gehorsam zu dienen und zu vermeiden, Ihm irgendwelche Teilhaber, Konkurrenten oder Vermittler zur Seite zu stellen. Es ist eine Religion der Vergebung und Erleichterung. Allah (ﷻ) sagt: **‹Allah will für euch Erleichterung; Er will für euch nicht Erschwernis›** (Qur`an 2:185)

- Islam ist eine Religion, welche die Seele zufrieden macht und das Herz beruhigt. Allah (ﷻ) sagt: **‹(Es sind) diejenigen, die glauben und deren Herzen im Gedenken Allahs Ruhe finden. Sicherlich, im Gedenken Allahs finden die Herzen Ruhe›** (Qur`an 13:28)

- Islam ist eine Religion der Barmherzigkeit und des Erbarmens, denn der Gesandte des Islams, Muhammad (ﷺ), sagte:
"Der Barmherzige erweist dem Barmherzigkeit, der barmherzig ist; seid darum allen auf Erden barmherzig, dann ist euch barmherzig, Der im Himmel ist."

- Islam ist eine Religion der Zuneigung und Wohlwollens, denn der Gesandte des Islams, Muhammad (ﷺ), sagte:
"Der beliebteste unter den Menschen bei Allah ist der nützlichste für die Menschen." (Al-Mugam A-Sagher Hadith Nr. 861)

- Islam ist eine Religion ohne Geheimnisse und Gegensätze. Allah (ﷻ) sagt:
‹Und Wir haben vor dir nur Männer gesandt, denen Wir (Offenbarungen) eingegeben haben. So fragt die Leute der Ermahnung, wenn ihr (etwas) nicht wisst› (Qur`an 16:43)

- Islam ist eine Religion für die Allgemeinheit, denn er ist ein Aufruf an die Menschen allesamt und nicht speziell für eine bestimmte Rasse. Allah (ﷻ) sagt: **‹Und Wir haben dich für die Menschen allesamt nur als Frohboten und Warner gesandt. Aber die meisten Menschen wissen nicht›** (Qur`an 34:28)

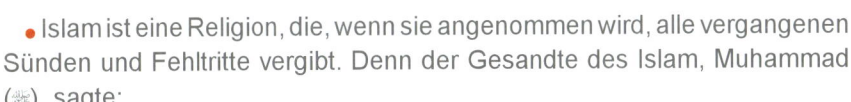

• Islam ist eine Religion, die, wenn sie angenommen wird, alle vergangenen Sünden und Fehltritte vergibt. Denn der Gesandte des Islam, Muhammad (ﷺ), sagte:

"Der Islam macht alles, was vor ihm war, nichtig." (Sahih Muslim, Hadith Nr. 121)

• Islam ist eine Religion der Vollkommenheit. Damit hat Allah (ﷻ) alle vorherigen Religionen aufgehoben und die Religion vollkommen gemacht.

Allah (ﷻ) sagt: ﴿**Heute habe Ich euch eure Religion vervollkommnet und Meine Gunst an euch vollendet, und Ich bin mit dem Islam als Religion für euch zufrieden**﴾ (Qur`an 5:3)

Im Islam umfasst der Gottesdienst Worte, Taten und Glaubensgrundlagen, die eine große Rolle beim Aufbau der guten Moral spielen. Er verleiht den Seelen Zufriedenheit und leitet sie zum rechten Weg. Er verbessert den Charakter der einzelnen Person und bewahrt die Einheit der islamischen Gesellschaft.

Abbildung: Die Tür der Ka`bah. Sie ist zur Verehrung der Ka`bah aus purem Gold angefertigt. Sie wird nur einmal im Jahr geöffnet, wenn sie vor dem Hajj gereinigt wird und wenn sie eine neue Kiswah (Verkleidung) bekommt.

Was sagen sie über den Islam?

W. Montgomery Watt schreibt in seinem Buch: "Was ist Islam?" :

"Voreingenommenheit ist nur eine der Schwierigkeiten, auf die man bei dem europäischen oder amerikanischen Islamstudenten trifft. Sobald er beginnt, den Islam als „Religion des Qur`ans" oder „die Religion der vierhundert Millionen Muslime der Gegenwart" zu beschreiben, stellt er eine Kategorie vor, die nicht passt; die Kategorie der Religion. Welche Bedeutung hat Religion für Abendländler? Für den gewöhnlichen Menschen bedeutet es bestenfalls, dass er sonntags eine Stunde oder so mit Handlungen verbringt, die ihm etwas Unterstützung und Stärke im Umgang mit den Problemen im täglichen Leben geben und ihn dazu anregen, freundlich zu anderen Menschen zu sein und ihm hilft, die Standards des sexuellen Anstands beizubehalten. Religion hat wenig oder gar nichts mit Handel, Wirtschaft, Politik oder industriellen Verhältnissen zu tun. Schlimmstenfalls fördert sie das Verhalten der Selbstzufriedenheit bei erfolgreichen Personen und vermehrt deren Hochmut. Europäer betrachten die Religion als ein Beruhigungsmittel, das von Ausbeutern der Bürgerschichten entwickelt wurde, um sie im Zustand der Unterwürfigkeit zu halten. Wie sehr unterscheidet sich das vom Religionsbegriff der Muslime im Vers (3:19): 《Gewiss, die Religion ist bei Allah der Islam.》 Das als Religion übersetzte Wort lautet im Arabischen „Diin". Es bezieht sich im Allgemeinen auf eine allumfassende Lebensform. Es ist keine private Angelegenheit der einzelnen Personen, welche nur die Peripherie ihres Lebens betrifft, sondern etwas, das beides betrifft: Privates und öffentliches. Es ist etwas, das die gesamte Gesellschaftsstruktur auf eine derartige Weise durchdringt, dass sich die Menschen darüber bewusst sind. Es ist alles in einem: theologischer

Glaubenslehrsatz, Gottesdienstformen, politische Theorien und ein ausführliches Gesetzbuch des Verhaltens, welches sogar Angelegenheiten beinhaltet, die Europäer in den Bereich der Hygiene oder Etikette einstufen würden."[1]

Der Gottesdienst in Worten und Taten: die Säulen des Islam

1) Die 2 Glaubensbekenntnisse: Sie sind "Das Bezeugen, dass es keinen Gott außer Allah gibt und dass Muhammad Sein Diener und Gesandter ist", dieses Bekenntnis ist der Schlüssel, mit dem man Muslim wird.

Die Bedeutung von «Es gibt keinen Gott außer Allah»
1) Es gibt keinen Schöpfer in diesem Dasein, außer Allah (Gott).
2) Es gibt keinen Besitzer oder Herrscher für dieses Dasein außer Allah.
3) Es gibt keinen Anbetungswürdigeren außer Allah (Gott).

Es gibt keinen Gott außer Allah und Muhammad ist Sein Gesandter.

Die Bedeutung von "Und Muhammad ist Sein Diener und Gesandter"
1) befolgen, was der Gesandte befohlen hat.
2) glauben, was er berichtet hat.
3) sich von dem fernhalten, was der Gesandte verboten hat und wovor er gewarnt hat.
4) Allah nur auf die Art und Weise dienen, die von ihm vorgelebt und vorgeschrieben wurde.

Wer ist der Prophet des Islam?

Er ist Abu Al-Qasim (Vater von Qasim = arabischer Beiname) Muhammad bin Abdullah bin Abdulmuttaleb bin Haschem, vom arabischen Stamm Quraiš. Seine Abstammung beginnt bei Adnan dem Sohn von Ismail dem Gesandten Allahs, Sohn von Ibrahim Khalilullah (Abraham, der Meistgeliebte von Allah) (ﷺ).

Seine Mutter war Aminah bint Wahb; ihr Abstammung beginnt bei Adnan dem Sohn von Ismail dem Gesandten Allahs, Sohn von Ibrahim Khalilullah (ﷺ). Muhammad wurde im Jahre 571 n.Ch. in der Stadt Makkah Al-Mukarramah geboren, welche als das Zentrum der Religion auf der Arabischen Halbinsel betrachtet wird, in welcher die verehrte Kaaba steht, die von Ibrahim (ﷺ) und seinem Sohn Ismail (ﷺ) gebaut worden war. Muhammad war in seinem Stamm als der AMIN (Vertrauenswürdige) bekannt. Schon vor seiner Berufung zum Propheten wurde er mit diesem Beinamen gerufen, denn wenn Leute auf Reisen gingen, gaben sie ihm ihre Güter zur Aufbewahrung (Amanat = anvertraute Güter). Er wurde „der Ehrliche" genannt, weil er ehrlich war und weil es nie vorkam, dass er gelogen oder betrogen hat. Ein Mensch, der es liebte, den Menschen Gutes zukommen zu lassen. Die erste

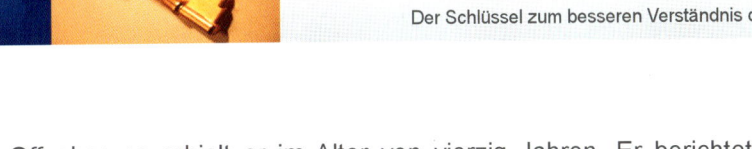
Offenbarung erhielt er im Alter von vierzig Jahren. Er berichtete davon seiner Frau Chadīǧa (Allahs Wohlgefallen auf ihr), indem er sagte: "Ich habe Angst um mich selbst", woraufhin sie ihm antwortete: "Niemals wirst du bei Allah eine Schande erleben, denn du bist wahrlich derjenige, der die Verwandtschaftsbande pflegt, dem Schwachen hilft, dem Mittellosen gibt, den Gast freundlich aufnimmt und dem Notleidenden unter die Arme greift." (Sahih Al-Bukhari Hadith Nr.3)

Er blieb 13 Jahre lang in Makkah, um die Menschen zum Glauben an den Einen Gott aufzurufen. Danach wanderte er nach Al-Madinah aus. Er hat ihre Bewohner zum Islam aufgerufen und sie haben den Islam angenommen. Allah hat ihm den Rest der islamischen Gesetzgebung dort offenbart. Acht Jahre nach seiner Auswanderung eroberte er Makkah. Er starb im Alter von 63 Jahren, nachdem ihm der Edle Qur`an vollkommen offenbart worden war. Damit war die gesamte islamische Gesetzgebung vollendet und die Mehrheit der Araber wurden Muslime.

Es wurde über Muhammad (ﷺ) gesagt:

Dr. Gustav Lebon schreibt in seinem Buch «Arabische Kultur»: „Wenn die Werte der Männer anhand ihrer besten Taten bemessen werden, war Muhammad einer von den größten Männern, den die Geschichte gekannt hat. Und die westlichen Wissenschaftler schrieben sehr positiv über ihn, obwohl viele Historiker, die extrem religiös eingestellt waren, dies nicht zugeben wollten und sehr negativ über Muhammad schrieben"[2].

Dr. Michael Hart sagt in seinem Buch «Eine Studie für die Ersten Hundert»:
"Ich habe Muhammad zum Führenden der Liste gewählt, die Personen enthält, die einen großen weltlichen Einfluss in verschiedenen Bereichen hinterlassen haben. Das bringt viele der Leserinnen und Leser zum Erstaunen. Aber ich glaube, dass Muhammad der einzige Mann in der Geschichte war, der in solchem Ausmaß Erfolge im religiösen wie auch im weltlichen Bereich verzeichnen konnte" [3].

2) Das Gebet: Es ist ein Mittel, mit dem der Diener eine unmittelbare Beziehung zwischen sich und seinem Schöpfer aufrechterhält. Er kommuniziert persönlich mit Ihm, bittet Ihn um Vergebung und erbittet Seine Hilfe und Rechtleitung. Fünf Gebete sind am Tag und in der Nacht zu festgelegten Zeiten zu beten, durch welche die Verbundenheit zum Schöpfer gepflegt wird. Männer beten in Gemeinschaft in den Moscheen, außer denen, die triftige Gründe haben. Diese Gemeinschaftsgebete verstärken die Brüderlichkeit und Zuneigung der Muslime untereinander, ungeachtet der unterschiedlichen sozialen Zugehörigkeit; denn alle Muslime stehen vor Allah in einer Reihe nebeneinander, beten in die gleiche Richtung, gleichzeitig, voller Hingabe und Unterwürfigkeit.

Abbildung: Eine große Ansammlung von Gläubigen werfen sich vor Gott, dem Hocherhabenen, nieder; in einheitlicher Aufstellung, welche ihre Demut und ihren Gehorsam IHM gegenüber demonstriert.

3) Die Läuterungs-Steuer (Zakaat): Sie ist ein geringer Anteil des Besitzes, den der reiche Muslim unter bestimmten Voraussetzungen an seine armen und bedürftigen Geschwister in Islam abzugeben hat, und zwar mit voller Zufriedenheit und im Gehorsam gegenüber Allah. Mit der Entrichtung der Zakaat bezweckt der Islam die Aufrechterhaltung der sozialen Unterstützung und der Barmherzigkeit zwischen den Muslimen, die Aufhebung der Armut und deren Gefahren. Mit der Zakaat werden die Herzen der Reichen von Geiz und Gier gereinigt und die Herzen der Armen vom Hass und Neid gegenüber den Reichen verschont.

Abbildung: Zakaat bedeutet „eine Vermehrung". Es lässt das Vermögen jemandes wachsen und schützt es vor Unglück. Die Almosen-Gebenden werden von Gott für ihre Güte belohnt.

4) Das Fasten im Ramadan: Es gibt einen Monat im Jahr, den die Muslime fasten, d.h. sich in der Zeit von Sonnenaufgang bis Sonnenuntergang dem Essen, Trinken und des Geschlechtsverkehrs enthalten. Das ist nichts Neues, das vom Islam eingeführt wurde, sondern ein Befehl Allahs, der schon früheren Völkern vorgeschrieben war. Allah (ﷻ) sagt:

《Oh die ihr glaubt, vorgeschrieben ist euch das Fasten, so wie es denjenigen vor euch vorgeschrieben war, auf dass ihr gottesfürchtig werden möget.》
(Qur`an 2:183)

Fasten ist ein Dschihad (Auseinandersetzung) zwischen der Seele und ihren Trieben bzw. Wünschen, womit das Mitgefühl des Muslims, seinen armen und bedürftigen Geschwistern ihre Rechte zukommen zu lassen und ihre Bedürfnisse zu stillen, angeregt wird.

Abbildung: Muslime nutzen den Mondkalender, um den Anfang und das Ende jeden Monats zu bestimmen. Er wird auch dazu benutzt, um den Beginn „religiöser Jahreszeiten" zu bestimmen (wie das Fasten und den Ḥaǧǧ).

5) Die Pilgerfahrt (Ḥaǧǧ): Es ist das Pilgern zum Hause Allahs, um gemäß dem Befehl Allahs, bestimmte Riten, an bestimmten Orten, zu bestimmten Zeiten zu vollziehen. Dies ist einmal im Leben Pflicht für jeden vernünftigen, erwachsenen Muslim, wenn er gesundheitlich und finanziell in der Lage dazu ist. Allah (ﷻ) sagt:

《**Und Allah steht es den Menschen gegenüber zu, dass sie die Pilgerfahrt zum Hause unternehmen – (diejenigen,) die dazu die Möglichkeit haben. Wer aber ungläubig ist, so ist Allah der Weltenbewohner Unbedürftig**》
(Qur`an 3:97)

Ḥaǧǧ (Pilgerfahrt) ist die größte islamische Versammlung, in der Muslime aus aller Herren Länder am gleichen Ort zu einer festgelegten

Zeit dem einzigen Gott dienen. Sie kleiden sich gleich und vollziehen die gleichen rituellen Handlungen, ohne Unterschied zwischen Reich und Arm, Edelmann und Bürger, Schwarz und Weiß, Araber und Nicht-Araber. Und dies ist ein Zeichen für die Brüderlichkeit zwischen den Muslimen auf der Erde.

Abbildung: Pilger umkreisen die Ka`bah während der Haǧǧ-Zeit. Diese Moschee bietet für mehr als 2 Millionen Menschen zur gleichen Zeit Platz.

Der Gottesdienst im Glauben, die Säulen des Iman (Überzeugung):

1) Der Glaube an Allah: Der Glaube umfasst den Glauben Seine Existenz und dass Er der Eine, Einzige ist, Dem Anbetung gebührt, und Er hat keine Teilhaber, Konkurrenten oder Vermittler in Seiner Herrschaft (**Rububiyyah**[4]: Er ist der Herr, der Schöpfer, Der Herrscher und der Verwalter aller Angelegenheiten), in Seiner Anbetung (**Uluhiyyah**[5]: Er ist der wahre Gott, und jeder andere, der außer Ihm angebetet wird, ist nichtig) und Ihm Allein gebühren Seine wunderschönen Namen[6]. Also ist es der Glaube an Seine Einheit in alledem, was zuvor genannt wurde, und zwar, dass Allah keine Partner in Seiner Herrschaft, Seiner Anbetung, Seinen Namen und Seinen Eigenschaften hat.

❨Sag: Er ist Allah, ein Einer, Allah, der Überlegene. Er hat nicht gezeugt und ist nicht gezeugt worden, und niemand ist Ihm jemals gleich.❩ (Qur`an 112)

Dies ist der 114. Kapitel des Qur`an. Er wurde offenbart, als die Polytheisten vom Propheten Muhammad verlangten, den Herrn der Welten zu beschreiben.

2) Der Glaube an die Engel: Dies ist die Überzeugung, dass viele Engel existieren. Niemand außer Allah kennt ihre genaue Zahl. Er hat sie erschaffen, damit sie Ihm dienen. Allah (ﷻ) sagt:

❨Al-Masih wird es nicht verschmähen, ein Diener Allahs zu sein, auch nicht die (Allah) nahegestellten Engel. Wer es aber verschmäht, Ihm zu dienen, und sich hochmütig verhält-, so wird Er sie alle zu Sich versammeln.❩ (Qur`an 4:172)

Und diese Engel gleichen Allah nicht und sind nicht Seine Kinder, sondern

Allah hat sie erschaffen, um die Aufgaben zu erfüllen, die Er ihnen befiehlt. Allah (ﷻ) sagt:

《Und sie sagen: « Der Allerbarmer hat sich Kinder genommen.» Preis sei Ihm! Nein! Vielmehr sind es geehrte Diener. Sie kommen Ihm im Reden nicht zuvor, und nur nach Seinem Befehl handeln sie》 (Qur`an 21:26-27)

3) Der Glaube an die Bücher: Das ist die Überzeugung, dass Allah (ﷻ) von Sich offenbarte Bücher an seine Gesandten herabgesandt hat, damit diese sie an die Menschen weitergeben. Diese Bücher enthielten zur Zeit ihrer Offenbarung nichts als die Wahrheit. Sie alle riefen die Menschen zur Einheit Gottes, und dass Er der Schöpfer, Eigentümer und alleinige Herrscher ist, und Ihm stehen die schönsten Namen und Eigenschaften zu. Einige dieser Schriften sind:

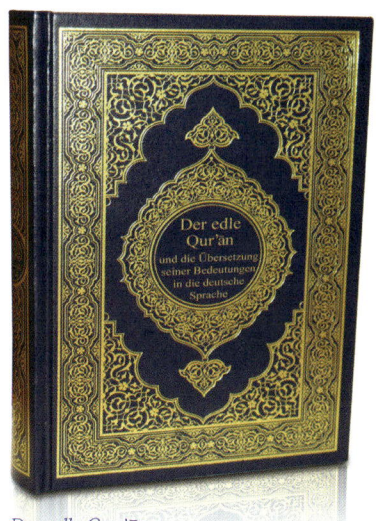

Der edle Qur'ān

- **Die Suhuf (Schriften) Abrahams und Moses** (عليهما السلام)

- **Die Tora**, das heilige Buch, welches Allah den Gesandten der Juden offenbart hat.

- **Der Zabur** (Der Psalter), das Buch, welches Allah David (ﷺ) offenbart hat.

- **Das Indschil** (Das Jesus-Evangelium), das heilige Buch, welches Allah Jesus (ﷺ) herabgesandt hat.

- **Der edle Qur'an**, das heilige Buch, welches Allah Muhammad (ﷺ) durch den Engel Gabriel für die ganze Menschheit offenbart hat. Damit hat Allah (ﷻ) alle vorherigen Religionen aufgehoben und die Religion vollkommen gemacht.

Was ist der QUR`AN?

Er ist die Verfassung für die Muslime, die aus ihm ihre Aufgaben und das Wissen entnehmen, um ihren religiösen und weltlichen Alltag zu ordnen und zu gestalten. Er unterscheidet sich von den vorherigen offenbarten Büchern wie folgt:

● Er ist die letzte Offenbarung, und deshalb versprach Allah (ﷻ), ihn bis zum Jüngsten Tag zu beschützen. Allah (ﷻ) sagt:
《Gewiss, Wir sind es, die Wir die Ermahnung offenbart haben, und Wir werden wahrlich ihr Hüter sein.》 (Qur`an 15:9)

● Er enthält alle Gesetze für eine anständige Gesellschaft und sichert alle Rechte für jeden Menschen.

● Er wird als historisches Dokument betrachtet, in welchem die Reihenfolge der Propheten, Gesandten und der ihnen offenbarten Religionen, sowie das, was zwischen jenen und ihren Völkern vorgefallen ist, festgehalten ist; von der Zeit Adams (ﷺ) bis schließlich Muhammad (ﷺ).

● Er wurde für die gesamte Menschheit herabgesandt, damit sie Glück, Frieden und Ruhe genießen und um sie aus den Finsternissen heraus ins Licht zu bringen.

● Man kann Allah damit dienen, indem man ihn rezitiert, ihn auswendig lernt und studiert.

Es wurde über den QUR`AN gesagt:

W. Durant sagt in seinem Buch «Die Geschichte der Zivilisation»:
"Und der QUR`AN bringt in die Seelen den einfachsten Glauben, der fast frei von Missverständnissen ist, sehr weit von rituellen Vorführungen entfernt und jenseits von Götzendienerei und Priestertum. Und er beinhaltet den größten Vorteil für Muslime, ihr moralisches und kulturelles Niveau zu erhöhen. Und er stellt die Säulen des Gesellschaftssystems auf, den gesellschaftlichen Zusammenhalt und bewegt die Muslime dazu, den gesundheitlichen Regeln zu folgen und befreit ihren Verstand von vielen Märchen und Phantasien und

natürlich von Ungerechtigkeit und Härte. Er hat die Situation der Sklaven verbessert und setzte in die Seelen der Unterdrückten Stolz und Würde. Er verbreitete unter den Muslimen eine Mäßigung, mit einer gewissen Distanzierung von Gelüsten. Es wurde noch nie auf einem Fleck dieser Erde, die der weiße Mann bewohnt, solch eine erstaunliche Lebensart und -weise gesehen." (**W.Durant** «Die Geschichte der Zivilisation". Aus dem Buch «Sie sagten über den Islam von Dr.Imaduddin Khalil)

4) Der Glaube an die Propheten: Es ist die Überzeugung, dass Allah (ﷻ) die besten der Menschheit als Propheten und Gesandte auserwählt hat, um die göttliche Botschaft an die Menschheit weiterzuleiten. Durch die Entsendung der Propheten und Gesandten haben die Menschen keine Ausrede gegenüber Allah. Sie waren die vollkommensten Menschen, mit den besten moralisch-ethischen Werten und erfüllten die Übermittlung der Botschaft Allahs auf die beste und vollkommenste Art. Die Propheten und Gesandten Allahs sind viele, niemand kennt ihre Anzahl außer Allah; es sind Menschen, die Allah für die Botschaft auserwählt hat. Allah (ﷻ) sagt:

❰**Und Wir haben vor dir nur Männer gesandt, denen Wir (Offenbarungen) eingaben. So fragt die Leute der Ermahnung, wenn ihr (es) nicht wisst.**❱ (Qur`an 21:7)

Der erste Prophet war Noah (ﷺ) und der letzte Prophet war Muhammad (ﷺ).

5) Der Glaube an den Jüngsten Tag: Das ist die Überzeugung, dass eines Tages dieses irdische Leben endet und vernichtet wird. Allah (ﷻ) sagt:

❰**Alle, die auf ihr sind, werden vergehen; bleiben wird (nur) das Angesicht deines Herren, Besitzer der Erhabenheit und Ehre.**❱ (Qur`an 55:26-27)

Und danach folgt die Auferweckung und Rückkehr zu Allah, denn Allah wird Seine Schöpfung auferstehen lassen und versammeln, um mit ihnen abzurechnen und allen Seelen in vollem Maße das zukommen lassen, was

sie verdient haben. Dann belohnt Er die, die Gutes getan haben gemäß ihrem Verdienst für ihren Glauben und den Gehorsam gegenüber ihren Propheten mit einem ewigen Leben im Paradies. Und Er bestraft die Sünder für das, was sie an schlechten Taten, Unglauben und Ungehorsam gegenüber ihren Propheten getan haben, mit einem ewigen Leben in der Hölle.

6) Der Glaube an die Vorbestimmung und Qadar: Die Überzeugung, dass Allah (ﷻ) in der Vergangenheit bereits über alle Dinge vor ihrem Eintreffen bescheid wusste und wie sie danach sein werden. Dann hat Er sie nach Seinem Maß, Wissen und Willen zustande kommen lassen. Allah (ﷻ) sagt:

❴**...und [Allah ist es, Der] alles erschaffen und ihm dabei sein rechtes Maß gegeben hat.**❵ (Qur`an 25:2)

Aus dem Glauben an die Vorbestimmung und Qadar resultiert folgendes:

● Erleichterung der Gedanken und Befriedigung der Seele. Damit wird der Traurigkeit und Besorgnis kein Raum gelassen, für das was war oder nicht geschah.

● Die Ermutigung zu lernen und zu forschen, was Allah in diesem Universum erschaffen hat. Was dem Menschen widerfährt, wie z.B. Krankheit, betrachtet er als Schicksal, das ihn dazu motiviert, nach einer Heilung in den Grundstoffen der Heilmittel, die Allah im Universum erschaffen hat, zu suchen.

● Er verstärkt das Bewusstsein für die Abhängigkeit von Allah und löst uns von den Ängsten, dass Menschen einem Schaden zufügen können. Der Prophet Muhammad (ﷺ) sagte:

"Und du sollst wissen, dass, wenn die (gesamte Menschheit) sich versammeln würde, dir in einer Sache zu nutzen, sie dir nur in etwas nutzen kann, das Allah schon für dich niedergeschrieben hat, und dass sie, wenn sie sich versammeln würde, dir in einer Sache zu schaden, sie dir nur in etwas schaden kann, das Allah schon für dich niedergeschrieben hat. Die Schreibfedern sind hochgehoben und die Blätter getrocknet."

(Sunan At-Tirmidhi Hadith Nr. 2516)

Die Ziele des Islam

Die Hauptziele des Islam sind:

1 **Bewahrung der Religion des Islam.**

2 **Bewahrung des Lebens .**

3 **Bewahrung des Besitzes .**

4 **Bewahrung des Verstandes .**

5 **Bewahrung der Abstammung (Nachkommen).**

6 **Bewahrung der Würde .**

Der Gesandte des Islam (ﷺ) sagte:

"...wahrlich euer Blut, eure Güter und eure Ehre sind unter euch genauso heilig, wie es heute der Fall ist, an diesem eurem Tag, in diesem eurem Monat, in dieser eurer Ortschaft." (Sahih Al-Bukhari Hadith Nr. 5696)

Und er (ﷺ) sagte auch:

"Soll ich euch nicht sagen, wer der Mumin ist, (er ist derjenige), dem die Menschen ihre Güter und sich selbst anvertrauen, und der Muslim ist derjenige, vor dessen Zunge und Hand die Menschen sicher sind. Und der Mudschahed ist derjenige, der gegen sein Ego kämpft, um Allah gehorsam zu sein, und der Muhadschir (Auswanderer) ist derjenige, der von schlechten Taten und Sünden Abstand hält." (Sahih Ibn Hibban, Hadith Nr. 4862)

Umgangsformen im Islam

Der Islam verbietet alle Abscheulichkeiten, sei es in Worten oder Taten. Allah (ﷻ) sagt:

《Sag: Mein Herr hat nur die Abscheulichkeiten verboten, was von ihnen offen und was verborgen ist; und (auch) die Sünde und die Gewalttätigkeit ohne Recht, und, dass ihr Allah (etwas) beigesellt, wofür Er keine Ermächtigung herabgesandt hat, und dass ihr über Allah (etwas) sagt, was ihr nicht wisst. 》 (Qur`an 7:33)

Der Islam befiehlt und unterstützt alle Arten von guten moralischen Eigenschaften. Der Gesandte des Islam (ﷺ) sagte:

"Ich bin gesandt worden, um die vornehmen Charaktereigenschaften zu vervollkommnen." (Al-Mustadrak Ala Al-Sahihain Hadith Nr. 4221)

Allah (ﷻ) sagt:

《Sag: kommt her! Ich will euch verlesen, was euer Herr euch verboten hat: Ihr sollt Ihm nichts beigesellen, und zu den Eltern gütig sein; und tötet nicht eure Kinder aus Armut – Wir versorgen euch und auch sie; und nähert euch nicht den Abscheulichkeiten, was von ihnen offen und was verborgen ist; und tötet nicht die Seele, die Allah verboten hat (zu töten), außer aus einem rechtmäßigen Grund! Dies hat Er euch anbefohlen, auf dass ihr begreifen mögt. 》 (Qur`an 6:151)

Der Gesandte Allahs sagte:

" Keiner von euch darf sich als gläubig ansehen, bis er seinem Bruder auch dasselbe gönnt, was er sich selbst gönnt." (Sahih Al-Bukhari)

Rechte im Islam

Der Islam hat seinen Anhängern Rechte und Pflichten auferlegt, jedem seiner Position entsprechend. Die Eltern haben Rechte, die Ehepartner haben Rechte, die Kinder haben Rechte, die Nachbarn haben Rechte...usw. Der Sinn dieser Rechte besteht darin, dass die wechselseitigen Bindungen die Beziehungen der Mitglieder der islamischen Gesellschaft festigen und bestärken. Das verbreitet Zuneigung und Liebe zwischen den Muslimen und bewahrt die Gesellschaft vor dem Zerfall. Allah (ﷻ) sagt:

❰Und dient Allah und gesellt Ihm nichts bei. Und zu den Eltern sollt ihr gütig sein und zu den Verwandten, den Waisen, den Armen, dem verwandten Nachbarn, dem fremden Nachbarn, dem Gefährten zur Seite, dem Sohn des Weges und denen, die eure rechte Hand besitzt. Allah liebt nicht, wer eingebildet und prahlerisch ist.❱

(Qur`an 4:36)

Ibn ´Umar (ﷺ) berichtet, dass Allahs Gesandter (ﷺ) sagte: "Jeder von euch (Muslimen) ist ein Hirte. Und jeder von euch ist verantwortlich für seine Schützlinge. Ein Führer ist ein Hirte, und er ist verantwortlich für seine Schützlinge. Ein Mann ist ein Hirte für seine Familie, und er ist verantwortlich für seine Schützlinge. Eine Frau ist eine Hirtin für das Haus ihres Gatten, und sie ist verantwortlich für das, was unter ihrer Sorge steht. Ein Diener ist ein Hirte über den Reichtum seines Herrn, und er ist verantwortlich für das, was unter seiner Sorge steht. Jeder von euch (Muslimen) ist ein Hirte, und jeder von euch ist verantwortlich für das, was unter seiner Sorge steht." (Al-Bukhari und Muslim)

Sogar die Wege haben Rechte, die die Menschen, die vorübergehen, erfüllen müssen. Der Gesandte des Islam, Muhammad (ﷺ), sagte: "Hütet euch vor dem Sitzen auf den Wegen, da sagten einige: "Oh Gesandter Allahs, was ist an unseren Sitzplätzen, wir unterhalten uns doch dort." Da

entgegnete er: "Wenn ihr zum Sitzplatz geht, dann gebt dem Weg sein Recht." – Was ist das Recht des Weges, oh Gesandter Allahs? "- Das Senken des Blickes, Beseitigen von Unrat, das Beantworten des Friedensgrußes und das Gute zu gebieten und das Schlechte zu verwehren."
(Sahih Al-Bukhari Hadith Nr. 5875)

Und auch Tiere haben Rechte; denn die Barmherzigkeit und die Güte ihnen gegenüber kann ein Grund zur Vergebung von Sünden sein. Der Gesandte des Islam, Muhammad (ﷺ), sagte:
"Während ein Mann unterwegs war, überkam ihn ein sehr starker Durst. Als er einen Wasserbrunnen sah, kletterte er in ihm hinab und trank von dem Wasser. Sobald er aber aus dem Brunnen herausgeklettert war, fand er einen Hund, der mit lechzender Zunge aus Durst den Sand fraß. Der Mann sagte zu sich: «Dieser Hund befindet sich auf Grund des Durstes in der gleichen Lage, in der ich mich zuvor befand.» Er kletterte dann wieder hinab, füllte seinen Lederstrumpf mit Wasser, hielt diesen mit seinen Zähnen fest (, kletterte hinauf) und ließ den Hund trinken. Allah dankte ihm dann (für diese Tat) und vergab ihm (seine Sünden)! Die Leute sagten: «O Gesandter Allahs, werden wir auch für die Tiere belohnt?» Der Prophet sagte: «Für jedes Lebewesen werdet ihr belohnt."   (Sahih Al-Bukhari ,Hadith Nr.2334)

Und er hat die Ungerechtigkeit gegenüber Tieren und das Misshandeln als Gründe genannt, die einen ins Höllenfeuer eintreten lassen können. Der Gesandte des Islam, Muhammad (ﷺ), sagte:
"Eine Frau wurde wegen einer Katze bestraft, weil sie sie so lange einsperrte, bis sie verhungerte. Sie ging dafür ins Höllenfeuer. (Ihr wurde vergeworfen:) «Du hast ihr weder Nahrung noch etwas zu trinken gegeben, als du sie einsperrtest, noch ließest du sie laufen, damit sie sich von den Tierchen der Erde hätte ernähren können." (Sahih Al-Bukhari, Hadith Nr. 3295)
Wenn das die Barmherzigkeit gegenüber den Tieren im Islam ist, wie wird sie dann wohl gegenüber den Menschen sein, welche Allah vor der ganzen Schöpfung bevorzugt und so schätzt?

Was weißt du über?

1. Die Edle Ka`bah:

Sie ist die erste Moschee, die auf Erden erbaut wurde. Allah, der Hocherhabene, sagt:

❲Das erste (Gottes)haus, das für die Menschen gegründet wurde, ist wahrlich dasjenige in Bakka, als ein gesegnetes (Haus) und eine Rechtleitung für die Weltenbewohner. Darin liegen klare Zeichen. (Es ist) der Standort Ibrahims.❳ (Qur`an 3:96-97)

Adam erbaute sie und Ibrahim, der Vater der Propheten, erneuerte sie. Als Ismā'īl (Ismael)(عليه السلام), der Sohn Ibrāhīms (Abraham) – Khalil Allah (عليه السلام), der Sohn von Hadjar geboren wurde, überkam Sarah, die erste Ehefrau Ibrāhīms (Abraham) die Eifersucht. Deshalb bat sie ihren Ehemann darum, die beiden von ihr fortzubringen. Er erhielt von Allah (ﷻ) die Botschaft (Wahi), seine Frau und seinen Sohn nach Mekka zu bringen. Ibrāhīm (Abraham) setzte den Befehl seines Herrn رب (Rabb) (Herr) um und brachte sie nach Mekka. Er (عليه السلام) besuchte sie von Zeit zu Zeit. Nachdem sich Ibrāhīm von ihnen solange fernhielt, wie es Allah wollte, kam er wieder zu ihnen, während Ismā'īl (Ismael)(عليه السلام) unter einem großen Baum nahe Zamzam saß und seine Pfeile spitzte. Als er ihn sah, stand er auf und ging auf ihn zu.

Sie begrüßten einander wie es ein Sohn mit dem Vater tut, dann sagte Ibrāhīm: "O Ismāʿīl, Allah hat mir etwas befohlen!" Er antwortete: "Dann tu, was dein Herr dir befohlen hat!" Ibrāhīm fragte: "Würdest du mir dabei helfen?" Ismāʿīl antwortete: "Ja, ich werde dir helfen!" Er sagte: "Allah befahl mir, hier ein Haus zu errichten – und er zeigte auf eine Anhöhe, die die Umgebung überragte." So begann er die Grundmauern des Hauses zu errichten, indem Ismāʿīl ihm die Steine nach und nach reichte. Ibrahim baute so lang, bis das Gebäude hoch wurde und Ismail ihm den Stein (Standort Ibrahims) brachte. So stellte er sich drauf und baute weiter, während Ismail ihm die Steine reichte und beide folgendes sagten:

❮O unser Herr, nimm (es) an von uns, denn Du bist Der Allhörende, Der Allwissende!❯ (Qurʾan 2:127)

Und sie bauten weiter, bis sie das ganze Haus vollendet hatten.
Die edle Kaʿbah ist der einzige Ort, zu dem sich die Muslime aus Ost und West der Erde, während dem Gebet, wenden.
Sie ist auch ein Symbol für die Einheit ihres Glaubens, die sich mit ihren Körpern in ihre Richtung drehen. Jedoch ihre Herzen und Seelen wenden sich in Hingebung, dem Herrn der Welten zu. Allah (ﷻ) sagt:

❮Allah gehört der Osten und der Westen; wohin ihr euch auch immer wendet, dort ist Allahs Angesicht. Allah ist Allumfassend und Allwissend.❯
(Qurʾan 2:115)

Dass die Muslime ihre Richtung einnehmen und sie umrunden, bedeutet nicht, dass sie sie anbeten, sondern sie beten damit Allah, ihren Herrn, an. Allah (ﷻ) sagt:

❮So sollen sie dem Herrn dieses Hauses dienen, Der ihnen Speise nach ihrem Hunger gegeben und ihnen Sicherheit nach ihrer Furcht gewährt hat.❯ (Qurʾan 106:3-4)

2. Der schwarze Stein: Der Gesandte Allahs (ﷺ) sagte, dass der Schwarze Stein aus dem Paradies stammt. Nachdem Ibrāhīm mit dem Bau des Hauses fertig war, gab es noch einen Platz für einen Stein. Er beauftragte seinen Sohn Ismāʿīl nach einem Stein zu suchen und ihm zu bringen. Als Ibrāhīm mit einem Stein zurückkam, sah er, dass sein Vater bereits einen Stein (den "Schwarzen Stein") an die freie Stelle platziert hatte. Er fragte seinen Vater: **"O mein Vater, wer brachte dir diesen Stein?" Er sagte: "Derjenige, der**

sich nicht auf deinen Bau verlässt; Ǧibrīl (Dschibril) (ﷺ) brachte ihn mir vom Himmel."

Er ist ein schwarzfarbener Stein mit rötlichem Stich. Er befindet sich an der südlichen Ecke der Kaaba, links von ihrer Tür. Er ist in circa 1,10 Meter Höhe über dem Boden, im Inneren der Kaaba-Wand, befestigt. Bei der Umrundung der Kaaba befindet sich der Stein links von denjenigen, die das Gotteshaus umrunden. Man beginnt und beendet die Umrundung der Kaaba beim Schwarzen Stein.

Der schwarze Stein

Der Gesandte (ﷺ) sagte:

"Der Stein wurde aus dem Paradies herab gesandt und war weißer als Milch. Jedoch haben die Sünden der Söhne Ādams ihn schwarz gefärbt."

(Sunan Al-Termedhi)

3. Ibrahims Standort: Der Gesandte (ﷺ) sagte:

"Die Jemenitische Ecke und der Standort Ibrahims sind zwei Rubinen von den Rubinen des Paradieses. Wenn Allah deren Licht nicht hätte erlöschen lassen, würden sie alles, was zwischen Osten und Westen ist, erleuchten."

(Saihih Ibn Habban)

Das ist der Stein, auf welchem Ibrāhīm (Abraham) (ﷺ) während dem Bau der Ka'bah stand, nachdem der Bau eine Höhe erreicht hatte, die seine Körpergrösse überstieg und es ihm deshalb schwerfiel die Steine hochzuheben. So stellte er sich auf den Stein, um den Bau der Kaaba mit den Steinen, die sein Sohn Ismail ihm reichte, beenden zu können. Die Fußsohlen Ibrahims hinterliessen einen Abdruck auf dem Stein, während er

die Kaaba, mit den Steinen weiterbaute und sie den Bau fertigstellten und sprachen:

《Unser Herr, nimm (es) von uns an, Du bist ja der Allhörende und Allwissende.》 (Qur`an 2:127)

Die Abdrücke der Füsse Ibrahims sind bis heute auf dem Stein zu sehen. Zum Schutz vor witterlichen

Der Platz von Ibrahim
Zu den Wundern des Propheten Ibrahim zählt der Felsbrocken auf dem er stand, als er die Ka`bah baute; dieser Brocken wurde weich und seine Füße versanken darin. Bis heute kann man die Fußabdrücke von Ibrahim auf diesem Felsbrocken sehen.

Einflüssen wurde der Stein mit dickem Glas umgeben. Die Muslime werden dazu aufgefordert, bei diesem Standort ein Gebet zu verrichten, was die Umsetzung der folgenden Worte Allahs,

des Hocherhabenen, darstellen:

《Und als Wir das Haus zu einem Ort der Einkehr für die Menschen und zu einer Stätte der Sicherheit machten und (sagten): "Nehmt Ibrahims Standort als Gebetsplatz!》 (Qur`an 2:125)

Dies ist eines der Zeichen Allahs und soll dazu dienen, die Erinnerung an Ibrahim zu verewigen. Gemäß der Aussage des Propheten, sind die Jemenitische Ecke und der Standort Ibrahims zwei Rubinen aus dem Paradies:

"Die Jemenitische Ecke und der Standort Ibrahims sind zwei Rubinen von den Rubinen des Paradieses. Wenn Allah deren Licht nicht hätte erlöschen lassen, würden sie alles, was zwischen Osten und Westen ist, erleuchten."

(Saihih Ibn Habban)

4. Berg An-Nuur: Das ist der Berg, in dessen Höhle, Hira genannt, sich der Gesandte Allahs (ﷺ) zur Gesinnung zurückzog. Vor seiner Entsendung als Prophet, mochte er es, sich in diese Höhle zurückzuziehen. Er verbrachte darin viele Nächte in Anbetung seines Herrn und um über den Zustand seines Volkes, das sich in den Tiefen des Götzendienstes und falschen Glaubensansichten befand, nachzudenken. In dieser Höhle erschien ihm Ǧibrīl (Dschibril) (ﷺ), der vom Himmel mit der Offenbarung herab gesandt wurde, um dem Propheten den Beginn seines Prophetentums zu verkünden.

Der Berg Al-Nur (Lichtberg), in welchem die Höhle Hira ist. Hier erschien dem Propheten Muhammad der Engel Gabriel und überbrachte ihm die Offenbarung. Der Berg Al-Nur ist einer der Berge in der Stadt Makkah (Faran), die in der Thora erwähnt wird.

Die Höhle Hira befindet sich an der Spitze des „Lichtberges", östlich von Makkah. Er ist ungefähr 4 Kilometer entfernt vom Haram und sein Gipfel ist über 634 Meter hoch. .

5. Zamzam Brunnen: Ibrāhīm (Abraham) – Khalil Allah (ﷺ) führte seine Frau Hadjar und ihren Sohn Ismāʿīl (Ismael)(ﷺ), während sie ihn noch stillte, bis er sie bei der Kaʿba an einem großen Baum beim Brunnen Zamzam am oberen Teil der Moschee brachte und zurückließ. Damals bewohnte kein Mensch Mekka und es gab dort auch kein Wasser. Er ließ bei ihnen einen Sack mit Datteln und einen Schlauch mit Wasser und ging fort.

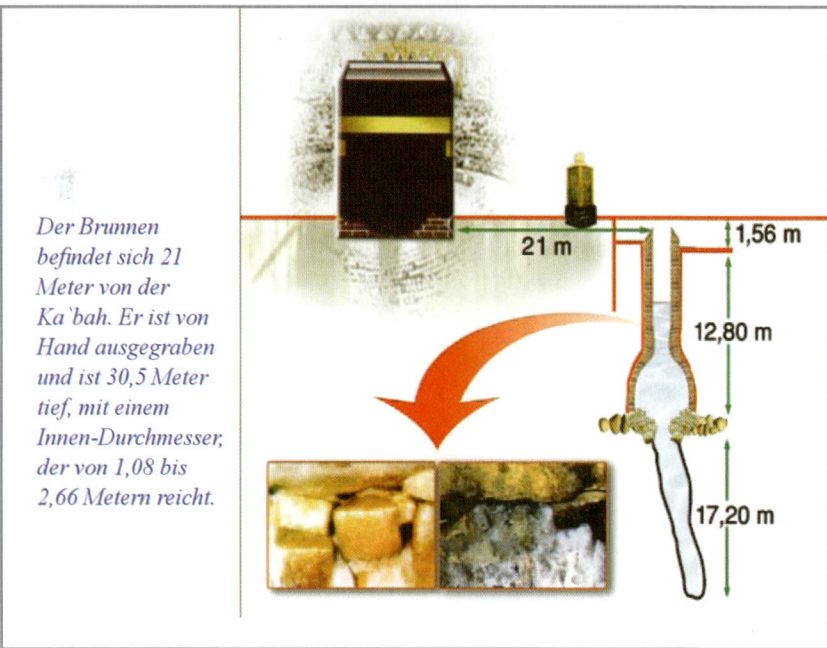

Der Brunnen befindet sich 21 Meter von der Ka`bah. Er ist von Hand ausgegraben und ist 30,5 Meter tief, mit einem Innen-Durchmesser, der von 1,08 bis 2,66 Metern reicht.

21 m

1,56 m

12,80 m

17,20 m

Die Mutter von Ismā'īl (Ismael)(عليه السلام) folgte ihm und sagte: **"O Ibrāhīm, wo gehst du hin und lässt uns in diesem Tal, in welchem keine Menschenseele und nichts ist?"** Sie sagte ihm dies mehrmals, aber er drehte sich nicht zu ihr um. Da fragte sie ihn: "Hat Allah dir etwa befohlen, dies zu tun?" Er sagte: "Ja." Sie erwiderte: "Dann wird Er uns nicht verloren gehen lassen." Sie kehrte ihm den Rücken, während Ibrāhīm weiterging. Als er den (Berg-)Pass erreichte, wo sie ihn nicht mehr sehen konnte, wandte er sich mit dem Gesicht zur Ka`ba und sprach folgendes Gebet, während er seine Hände (er)hob:

❨Unser Herr (رب (Rabb), ich habe (einige) aus meiner Nachkommenschaft in einem Tal ohne Pflanzungen bei Deinem geschützten Haus (bei der Ka'bah in Makkah) wohnen lassen, unser Herr (رب (Rabb)), damit sie das Gebet verrichte. So lasse die Herzen einiger Menschen sich ihnen zuneigen und versorge sie mit Früchten, auf dass sie dankbar sein mögen.❩

(Qur`an 14:36)

Ismāʿīls Mutter begann ihren Sohn zu stillen und von dem Wasser zu trinken. Als kein Wasser mehr im Schlauch war, wurde sie durstig und ihr Sohn ebenso. Sie sah, wie er sich leidend krümmte. Da ging sie fort, weil sie es nicht ertragen konnte, dies mitanzusehen. Sie fand, dass Al-Safa der nächste Berg von ihr war, und sie bestieg ihn und schaute ins Tal, in der Hoffnung jemanden zu sehen, doch sie sah niemanden. Sie stieg von Al-Safa hinunter bis sie ins Tal kam, da hob sie den Saum ihres Kleides und ging im Laufschritt eines erschöpften Menschen, bis sie das Tal durchlief, dann kam sie (zum Berg) Al-Marwa und bestieg ihn und schaute sich um, in der Hoffnung jemanden zu sehen, doch sie sah niemanden. Sie wiederholte dies siebenmal. Ibn Abbas berichtete, dass der Gesandte (ﷺ) sagte:

"Daher kommt der Laufschritt der Pilger zwischen den beiden (Al-Ṣafā und Al-Marwa)."

Als sie dann (nach dem siebten Mal) den Berg Marwa erreichte, vernahm sie eine Stimme und sie sprach zu sich: "Nur ruhig bleiben!" und lauschte gespannt, als sie es wieder hörte. "(Wer immer du auch bist) Ich kann dich hören. Kannst du mir helfen?" Plötzlich sah sie einen Engel, und er stieß mit seiner Ferse- oder mit seinen Flügeln- auf den Boden, bis Wasser entsprang, und sie begann mit ihrer Hand einen Wall aus Erde zu formen und füllte dann ihren Schlauch, und danach hörte es nicht mehr auf zu sprudeln. Ibn Abbas berichtete: Der Gesandte (ﷺ) sagte:

"Allah erbarme Sich Ismāʿīls Mutter! Hätte sie Zamzam frei fließen lassen - oder er (ﷺ) sagte: hätte sie nicht von dem Wasser geschöpft- wäre Zamzam eine strömende Wasserquelle (Fluss) geworden."

So trank sie und stillte ihren Sohn. Daraufhin sagte der Engel zu ihr:

"Habe keine Sorge, denn hier entsteht ein Haus für Allah, welches dieser Junge und sein Vater errichten werden, und Allah lässt seine Leute nicht verloren gehen!" (Fath Al-Bari 3364)

6. Die Hügel Al-Safa und Al-Marwa:

Das sind die Hügel, auf welche Hadjar (Friede sei auf ihr) stieg und Ausschau nach jemandem hielt, der ihr und ihrem Säugling zur Hilfe kommen könnte, nachdem ihr Proviant und das Wasser zu Ende gegangen waren. Während der Pilgerfahrt oder Umra (besuchsweise Pilgerfahrt) unternehmen die Muslime den siebenmaligen Lauf zwischen Al-Ṣafā und

Al-Marwa, um diese Erinnerung zu verewigen, diese Tat zu befolgen, die Kulthandlungen Allahs aufrecht zu erhalten und um sich an die Gaben zu erinnern, die Allah Hadjar und ihrem Sohn Ismail gewährte. Wie Er ihn von dem Durst errettete, ist in dem Hadith von Ibn Abbas (möge Allah mit beiden zufrieden sein) festgehalten.

Die Entfernung zwischen Safa und Marwah beträgt ungefähr 450 Meter, so dass 7 Gänge grob 3,15 Kilometer betragen.

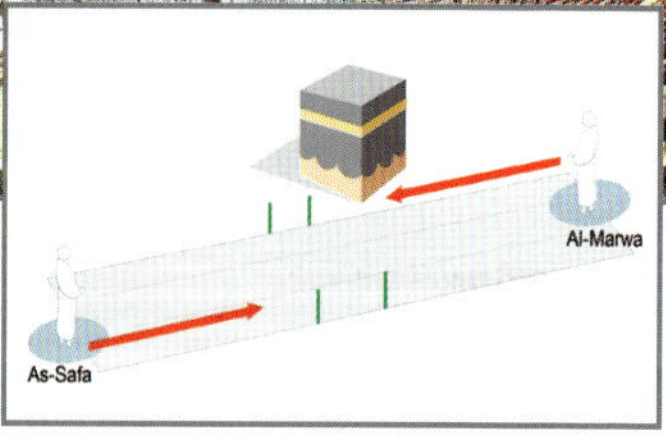

Darin heisst es:

"Sie lief los, weil sie den Ablick ihres Sohnes nicht aushielt und sah den Berg Al-Safa ihr am nächsten. Sie bestieg den Berg und wendete sich dem Tal zu, um nach Menschen Ausschau zu halten, jedoch sah sie niemanden. Daraufhin lief sie den Berg hinunter und kam zum Berg Al-Marwa. Sie bestieg ihn und hielt wieder Ausschau, jedoch sah sie niemanden. Dies wiederholte sie sieben Mal." Ibn Abbas sagte, dass der Prophet (möge Allah ihn in Ehren halten und bewahren) sagte: "Aus diesem Grund laufen die Menschen zwischen ihnen."

(überliefert von Al-Buchari)

8. Al-Jamarat: Dies sind die Orte, an denen Satan dem Propheten Ibrāhīm (Abraham) (ﷺ) erschien, um ihn davon abzuhalten, den Befehl Allahs, nämlich die Opferung seines Sohnes Ismāʿīl, auszuführen. An diesen Stellen nahm Ibrāhīm (Abraham) (ﷺ) Steinchen in die Hand und warf sie dem Satan ins Gesicht, während er die Worte *"Allahu Akbar"* aussprach und Zuflucht bei Allah, vor dem Satan, suchte. Ibn Abbas, der als "Tinte der Umma" bezeichnet wurde, sagte: *"Als Ibrahim, Khalilullah, den Ort der Riten erreichte, erschien ihm der Satan an der Stelle, wo die große Säule steht und er bewarf den Satan mit sieben Steinchen, sodass dieser im Erdboden versank. Dann erschien er ihm an der Stelle, wo die mittlere Säule steht und er bewarf den Satan mit sieben Steinchen, bis dieser im Erdboden versank. Dann erschien er ihm nochmal an der Stelle, wo die kleine Säule steht und er bewarf ihn mit sieben Steinchen, sodass dieser im Erdboden versank."* Ibn Abbas sagte weiter: *"Den Satan steinigt ihr und folgt dem rechten Glauben eures Vaters Ibrahim."*

Es gibt 3 Jamarat in Mina: Jamaratul-Aqabah, Jamaratul-Wusta and Jamaratus-Sughra. Die Entfernung zwischen Jamarat as-Sughra und Jamaratul-Wusta beträgt 150 Meter und die Entfernung zwischen Jamaratul-Aqabah und Jamaratul-Wusta beträgt 225 Meter.

Und als Allah die Ernsthaftigkeit Ibrahims, in der Durchführung des Befehles seines Herrn, sah, löste Er Ismail mit einem großartigen Schlachtopfer aus, das Ibrahim an Stelle seines Sohnes schlachten sollte. Somit stellt das Opfer, was die Muslime darbringen, eine Handlung dar, durch welche sie sich dankend Allah nähern und die beiden (Ibrahim und Ismail) verewigen. Allah, der Hocherhabene, sagt:

❰Und Wir lösten ihn mit einem großartigen Schlachtopfer aus.❱
(Qur'an 37:107)

Das Werfen der Steinchen gehört zu den Riten der Pilgerfahrt (Haǧǧ) und die Muslime setzen diese Sunnah *(wörtl. Gewohnheit; Worte, Handlungen und das Vorbild des Propheten (☀), die von seinen Gefährten in Form von "Hadithe" schriftlich überliefert sind. Auch alle Aussprüche und Handlungen des Gesandten (☀) und die Handlungen seiner Gefährten, die er stillschweigend geduldet hat.) ihres Vaters Ibrāhīm (Abraham) (☀) fort. Mit dieser Handlung erklären sie den Satan zu ihrem Feind, der bekämpft werden muss. Diese Bekämpfung verkörpert sich darin, die eigene Seele zu bekämpfen, indem man die Befehle Allahs durchführt und sich von dem, was Er verboten hat, fernhält.*

9. Feste der Muslime: Es gibt im Islam nur zwei Feste. Das Fitr-Fest (Idul-Fitr) am Ende des Fastenmonats Ramadan; es wird so genannt, weil die Muslime ihr Fasten beenden müssen.

Dies ist ein arabischer Satz, der bedeutet: „Möge es euch in diesem Jahr und in den Jahren danach gut gehen". Es ist in einem kalligraphischen Stil geschrieben, der während des islamischen Kalifats von den Sultanen als Signatur verwendet wurde.

Und das Opferfest (Idul-Adha); es wird so genannt, weil sich die Muslime an diesem Tag durch das Schlachten der Opfertiere Allah (☀) nähern und damit

die Sunnah Ibrāhīms (Abraham) (ﷺ) befolgen. Als Ibrāhīm (Abraham) (ﷺ) im Traum seinen Sohn Ismā'īl schlachtete, befolgte er den Befehl Allahs und wollte seinen Sohn für Allah opfern; denn das Traumgesicht der Propheten ist Wahrheit. Als Allah sah, dass er ehrlich in seiner Absicht war, löste Er seinen Sohn Ismā'īl mit einem großartigen Schlachtopfer ab und befahl Ibrāhīm (Abraham) (ﷺ) das Tier anstelle seines Sohnes zu schlachten.

10. Die Propheten-Moschee: Sie ist die erste Moschee, welche in der Zeit des Gesandten Allahs (ﷺ) von ihm zusammen mit den Al-Ansar (Bewohnern Al-Madinas) gebaut wurde, nachdem der Prophet in die Stadt ausgewandert war. Sie wurde an der Stelle gebaut, an welcher sich das Kamel des Gesandten (ﷺ) bei der Ankunft in Al-Madina niedergelassen hatte. Als der Gesandte (ﷺ) in Al-Madina ankam, wollten die Menschen das Kamel des Gesandten Allahs (ﷺ) führen. Jedoch er forderte sie dazu auf, das Kamel ohne Zwang dort niederknien zu lassen, wo Allah es dem Tier befahl. Der Prophet (ﷺ) wurde in seinem Haus begraben, das an die Moschee angrenzte, denn die Propheten wurden begraben, wo sie starben.

Abbildung: Die Propheten-Moschee in Madinah bietet über 2 Millionen Menschen zur gleichen Zeit Platz. Muslime verrichten das Gebet in der Propheten-Moschee, um die große Belohnung zu erlangen, die jedem versprochen wird, der darin Gebete verrichtet.

11. Bait Al-Maqdes (Al-Aqsa Moschee):

Der Ort, wo diese Moschee steht, ist ein heiliger Fleck auf Erden, den Allah, der Hocherhabene, seit der Erschaffung der Schöpfung auserwählt hat, damit es den gläubigen Monotheisten als Gebetsstätte dient. Sie ist die zweite Moschee, die auf Erden erbaut wurde. Von Abi Dhirr (ﷺ) wird überliefert, dass er sagte:

"O Gesandter Allahs (ﷺ), welche Moschee ist die erste, die auf der Erde gebaut wurde?" Er (ﷺ) sagte: "Die geschützte Gebetsstätte (die Haram Moschee in Makkah)." Ich fragte: "Welche dann?" Er (ﷺ) sagte: "Die fernste Gebetsstätte (Al-Aqsa Moschee)." Ich fragte: "Wie weit ist die Entfernung zwischen beiden?" Er (ﷺ) sagte: "Vierzig Jahre"; und egal wo die Gebetszeit eintrifft, sollst du beten, denn die ganze Erde ist eine Moschee."

(Sahih Muslim)

Nachdem Adam die Kaaba erbaut hatte, befahl Allah ihm, zum Bait Al-Maqdes zu gehen und die Gebetsstätte dort zu erbauen. Er baute sie und führte die Riten durch. Sie ist das erste Gebäude, das in Jerusalem errichtet wurde.

Der Prophet Allahs, Sulaimān (Salamon) (ﷺ), erneuerte und vergrösserte sie. Von Abdullah Ibn Umar Ibn Al-Aaas (ﷺ) wird überliefert, dass der

Gesandte Allahs (ﷺ) sagte:

"Als Sulaimān (Salamon) (ﷺ), der Sohn Davids mit dem Bau der Moschee von Bait Almaqdes fertig war, bat er Allah um Herrschaft und Reichtum, was niemandem nach ihm zuteil werden sollte. Und jeder, der nur mit der Absicht der Verrichtung des Gebets in diese Moschee kommt, solle diese sündenfrei verlassen, genauso wie an dem Tag, an dem seine Mutter ihn gebar. Dann sagte der Gesandte (ﷺ): "Zwei seiner Bittgebete wurden erhört und ich hoffe, dass auch das dritte erhört wird." (Sahih Ibn Chuzaima)

Sie ist dafür bekannt, dass sie die erste Qiblah (Gebetsrichtung) darstellte, denn der Gesandte Allahs (ﷺ) hat in ihre Richtung gebetet. Alle Muslime haben in diese Richtung gebetet, bis der Befehl Allahs kam, während dem Gebet die Richtung zu ändern und die **der geschützten Gebetsstätte in Mekka** (der Haram Moschee) einzunehmen. Zu dieser Moschee ließ Allah Seinen Gesandten (ﷺ) reisen (Nachtreise Al-Isra) und von dort aus wurde er (ﷺ) in den Himmel emporgehoben (Al-Mi`radsch). In dieser Nacht leitete er (ﷺ) in ihr als Imam (Vorbeter) das Gebet für die Propheten.

Sie ist das dritte Haramain **(geschützte Gebetsstätte)** nach der Gebetsstätte in Mekka und Madinah. Allah, der Hocherhabene, sagt:

❰Lobpreis sei Dem, Der Seinen Diener bei Nacht von der geschützten Gebetsstätte zur fernsten Gebetsstätte, deren Umgebung Wir gesegnet haben, reisen ließ.❱ (Qur`an 17:1)

Sie gehört zu den Moscheen, zu denen gereist werden darf, um in ihr zu beten. Es wurde überliefert, dass das Gebet in ihr, fünfhundert Gebeten in einer anderen Moschee (ausser den beiden heiligen Moscheen in Makkah und Madinah) gleichkommt. Der Prophet (möge Allah ihn in Ehren halten und bewahren) sagte:

"Man darf die Reise nur zu drei Moscheen antreten: zu dieser meiner Moschee, zu der heiligen Moschee in Makkah und zu der Aqsa-Moschee."

12. Al-Sakhra Moschee (Stein Moschee):

Sie ist einer der Steine des Bait Al-Maqdes und steht in der Mitte des Hofes der Aqsa-Moschee. Sie ist 18 Meter lang und ungefähr 13 Meter breit. Sie galt als Gebetsrichtung der Propheten der Söhne Israils und war auch eine zeitlang die Gebetsrichtung der Muslime. Dies galt am Anfang des Islams, bis es dadurch aufgehoben wurde, dass die Muslime die Kaaba als Gebetsrichtung einnehmen sollen. Al-Baraa` bin Azib sagte:

"Wir beteten mit dem Propheten (möge Allah ihn in Ehren halten und bewahren) sechszehn oder siebzehn Monate lang in Richtung Bait Al-Maqdes, bis sich die Gebetsrichtung gen der Kaaba änderte."

Es gelten für sie dieselben Regeln wie für die Aqsa-Moschee, wie beispielsweise die Vervielfachung des Gebets. Jedoch ist es im Islam verboten, sie als besonderen Ort für Anbetungshandlungen zu benutzen, ihr einen höheren Wert beizumessen oder sich Segen von ihr zu erhoffen.

Der Islam und der Besitz

Im Islam ist jeglicher Besitz Allahs Eigentum, ein anvertrautes Pfand für den Diener und eine Verantwortung, den man nur auf erlaubte Weise erwerben darf und den man nur für Dinge ausgeben darf, die von der islamischen Gesetzgebung her erlaubt sind, wie z.B. für sich selbst und seine Familie, ohne verschwenderisch zu sein (Israf). Der Gesandte des Islam, Muhammad (ﷺ), sagte:

"Kein Diener wird sich von seiner Stelle am Jüngsten Tag bewegen, bis er [für folgende Dinge] verantwortlich gemacht wurde: für sein Leben, wie er es verbrachte, für sein Wissen, was er damit machte, für sein Vermögen, wie er es erwarb und ausgab und für seinen Körper, wie er ihn abnutzte."

(Sunan Al Tirmidhi, Hadith Nr. 2417)

Und er soll seinen Besitz allein zum Guten ausgeben. Allah (ﷻ) sagt:

❨Nicht darin besteht die Güte, dass ihr eure Gesichter gegen Osten oder Westen wendet. Güte ist vielmehr, dass man an Allah, den Jüngsten Tag, die Engel, die Bücher und die Propheten glaubt und vom Besitz – obwohl man ihn liebt – der Verwandtschaft, den Waisen, den Armen, dem Sohn des Weges, den Bettlern und für (den Loskauf von) Sklaven hergibt.❩

(Qur`an 2:177)

Der Islam und die Frau

Der Islam respektiert die Tatsache, dass Männer und Frauen verschieden sind und dementsprechend unterschiedliche Aufgaben besitzen. Jedem Geschlecht sind Rechte und Pflichten zugeordnet. Der Respekt und die Güte den Frauen gegenüber ist ein Zeichen für einen guten Charakter und eine unverfälschte Persönlichkeit des Mannes. Der Gesandte des Islam, Muhammad (ﷺ), sagte:

"Die Besten unter euch sind diejenigen, die den besten moralischen Umgang mit ihren Frauen pflegen." (Sahih Ibn Hibban, Hadith Nr. 4176)

Die Frau ist die erste Person, die ein Mann gütig und rechtschaffen behandeln und deren Beziehung er pflegen soll, Der Gesandte des Islam (ﷺ) antwortete auf die Frage eines Mannes:

"Wer verdient meine Gesellschaft und Fürsorge am meisten?" "Deine Mutter." Der Mann fragte: "Und wer dann?" Er (ﷺ) sagte: "Deine Mutter." Wieder fragte der Mann: "Und wer kommt dann?" Er (ﷺ) sagte: "Deine Mutter." Der Mann fragte wieder: "Und wer kommt dann?" Er (ﷺ) sagte: "Dein Vater." (Sahih Al-Bukhari Hadith Nr. 5626)

Und der Gesandte des Islam, Muhammad (ﷺ), berichtete:

"Die Frauen sind die Geschwister der Männer." (Sunan Abu Dawud Hadith Nr. 236)

- Die Frau ist dem Mann gleich: in der Schöpfung und in der Menschlichkeit. Sie ist nicht der Grund für die Sünde und auch nicht der Grund dafür, dass Adam (ﷺ) aus dem Paradies vertrieben wurde.

- Die Frau ist dem Mann in Bezug auf die Gesetze des Islam gleich, indem sie, wie der Mann, Pflichten trägt.

- Die Frau ist dem Mann in ihrer unabhängigen Persönlichkeit gleich, z.B. verliert sie ihren Familiennamen nach der Heirat nicht.

- Die Frau ist dem Mann gleich, was Belohnung und Bestrafung im Diesseits und Jenseits betrifft.

- Die Frau ist dem Mann gleich, in Bezug auf Bewahrung der Würde und des Stolzes.

- Die Frau ist dem Mann gleich, sie hat das Recht auf Erbschaft wie der Mann.

- Die Frau ist dem Mann gleich, in Bezug auf die Selbständigkeit und ihre finanziellen Angelegenheiten.

- Die Frau ist dem Mann gleich, in der Verpflichtung, Verantwortung für eine gesellschaftliche Neubildung und den Schutz der Gesellschaft zu tragen.

- Die Frau ist dem Mann gleich; sie hat das Recht auf Ausbildung, Wissen und Versorgung.

- Frau und Mann haben zu gleichen Teilen das Recht auf eine gute und angemessene Erziehung und darauf, in einer gesunden und anständigen Umgebung aufzuwachsen. Sie wird sogar in der Fürsorge vorgezogen und die Belohnung für die Erziehung von Mädchen bringt mehr Belohnung als die Erziehung von Jungen. Der Gesandte des Islam, Muhammad (ﷺ), sagte:

"Derjenige, der drei Töchter hat oder drei Schwestern oder zwei Töchter oder zwei Schwestern und sehr freundlich zu ihnen ist, ihnen nette Gesellschaft leistet und Allah in ihrer Behandlung fürchtet, wird das Paradies betreten (als Ergebnis seiner guten Behandlung dieser Frauen)." (Sahih Ibn Hibban)

Der Gesandte des Islam, Muhammad (ﷺ), sagte:
"Die Besten unter euch sind diejenigen, die den moralisch besten Umgang mit ihren Frauen pflegen."(Sahih Ibn Hibban, Hadith Nr. 4176)

Der Islam und die Sexualität

Der Islam betrachtet die sexuelle Naturveranlagung als ein unerlässliches Bedürfnis des Lebens, das befriedigt werden soll und nicht unterdrückt werden darf. Die Sexualität ist keine unreine Sache, von welcher man sich distanzieren muss; vielmehr soll sie unter den bestimmten Rahmenbedingungen der Schari'a (islamische Gesetzgebung), auf eine gesunde und richtige Weise praktiziert werden.

Deshalb setzte der Islam die Heirat als korrekte Methode ein, um psychologische und emotionale Stabilität zu erzielen. Allah (ﷻ) sagt:
❨Und es gehört zu Seinen Zeichen, dass Er euch aus euch Gattinnen erschaffen hat, damit ihr bei ihnen Ruhe findet; und Er hat Zuneigung und Barmherzigkeit zwischen euch gesetzt. Darin sind wahrlich Zeichen für Leute, die nachdenken.❩ (Qur´an 30:21)

Der Islam bezweckt mit der Heirat auch den Schutz beider Ehepartner, damit sie ihre Keuschheit bewahren und nicht in den Schmutz der Verworfenheit rutschen. Allah (ﷻ) sagt:
❨…sie sind euch ein Kleid (sie geben euch Wärme und Schutz, wie Bekleidung dies tut), und ihr seid ihnen ein Kleid.❩ (Qur´an 2:187)

Und um die Sicherheit der einzelnen Person und die der Gesellschaft zu bewahren, hat der Islam alles verboten, was einen Grund zur Erregung des sexuellen Naturtriebes darstellt. Damit soll die Unzucht oder Homosexualität (ob freiwillig oder mit Gewalt) vermieden werden. Denn dadurch entstehen uneheliche Kinder, welche keine elterliche Aufsicht haben und dadurch auch nicht zur Keuschheit und guter Moral hin erzogen werden. So entsteht in der Gesellschaft eine Gruppe von Menschen, welche Hass und Bosheit gegenüber der Gesellschaft erzeugt, was sich wiederum negativ auf die Gesellschaft auswirkt. Dies führt auch zum Ausbruch von vielen gefährlichen Krankheiten und Epidemien unter dieser Personengruppe, was die ganze Gesellschaft negativ beeinträchtigt. Allah (ﷻ) sagt:
❨Und nähert euch nicht der Unzucht. Gewiss, sie ist etwas Abscheuliches – und wie böse ist der Weg.❩ (Qur´an 17:32)

Der Islam und die Nichtmuslime

Nichtmuslime, die einen Vertrag mit einer islamischen Nation geschlossen haben oder die in einem islamischen Land leben, deren Blut, Vermögen und Würde sind geschützt. Es darf keine Ungerechtigkeit und keine Übertretung der Pflichten ihnen gegenüber geben, man darf ihnen nicht ihre Rechte nehmen oder sie schlecht behandeln. Allah (ﷻ) sagt:

❰Allah verbietet euch nicht, gegenüber denjenigen, die nicht gegen euch der Religion wegen gekämpft und euch nicht aus euren Wohnstätten vertrieben haben, gütig zu sein und sie gerecht zu behandeln. Gewiss Allah liebt die Gerechten.❱
(Qur`an 60:8)

Der Gesandte des Islam (ﷺ) sagte:
"Gegen denjenigen, der einen Verbündeten ungerecht behandelt hat oder ihn erniedrigt, ihn über seine Belastbarkeit beansprucht, oder von ihm etwas zu unrecht entwendet hat, bin ich derjenige, der am Tag der Auferstehung gegen ihn Zeugnis ablegen wird". Worauf er mit seinem Finger auf seine Brust deutete, "Und wer einen Verbündeten tötet, der den Schutzvertrag Allahs und Seines Gesandten genießt, dem hat Allah verboten, den Duft des Paradieses wahrzunehmen, und sein Duft ist schon aus der Entfernung von siebzig Herbsten (also Jahren) wahrnehmbar." (Sunan Al-Baihaqi, Hadith Nr.48511)

Und der Gesandte des Islam (ﷺ) sagte auch:
"Mein Herr hat mir verboten, Vertragspartner oder andere Menschen zu unterdrücken." (Überliefert von Al-Hakim)

Der Islam und der Respekt gegenüber den anderen Offenbarungsreligionen

Der Islam schreibt seinen Anhängern vor, an alle vorherigen Offenbarungsreligionen, alle Gesandten und Propheten zu glauben, sie zu lieben und ihnen Ehre zu erweisen. Allah (ﷻ) sagt:

❲Das ist unser Beweismittel, das Wir Ibrāhīm (Abraham) gegen sein Volk gaben. Wir erhöhen, wen Wir wollen, um Rangstufen. Gewiss, dein Herr ist Allweise und Allwissend. Und Wir schenkten ihm Ishāq (Issak) und Yaʿqub (Jakob); jeden (von ihnen) haben Wir rechtgeleitet. Und (auch) Nūh (Noah) haben Wir zuvor rechgeleitet, und aus seiner Nachkommenschaft Dāwūd (David), Sulaimān (Salomo), Ayyūb (Hiob), Yūsuf (Josef), Mūsā (Mose) und Hārūn (Aaron) – so vergelten Wir (es) den Gutes Tuenden - und Zakariyyā (Zacharias), Yahyā (Johannes), ʿIsā (Jesus) und Ilyās (Elias): jeder (von ihnen) gehört zu den Rechtschaffenen; und Ismāʿil (Ismael), Alyasa (Elisa), Yūnus (Jonas) und Lūt (Lot): jeden (von ihnen) haben Wir vor den (anderen) Weltenbewohnern bevorzugt; und (auch manche) von ihren (Vor)vätern, ihren Nachkommen und ihren Brüdern; Wir haben sie erwählt und zu einem geraden Weg geleitet.❳ (Qurʾan 6:83-87)

● **Was sagt der Qurʾan über Mūsā (Mose) (ﷺ)?**

Allah (ﷻ) sagt:

❲Und gedenke im Buch Mose (Mūsā). Gewiss, er war auserlesen, und er war ein Gesandter und Prophet.❳ (Qurʾan 19:51)

Allah (ﷻ) sagt:

❲Er sagte: „O Mūsā, Ich habe dich durch Meine Botschaften und Mein Gespräch (mit dir) vor den Menschen auserwählt! So nimm, was Ich dir gegeben habe, und gehöre zu den Dankbaren!❳ (Qurʾan 7:144)

Allah (ﷻ) sagt:

❲Hierauf gaben Wir Mūsā (Mose) die Schrift als Vollendung (und Belohnung) für das, was er an Gutem getan hatte, als eine ausführliche Darlegung für alles und als Rechtleitung und Barmherzigkeit, auf dass sie an die Begegnung mit ihrem Herrn glauben mögen.❳ (Qurʾan 6:154)

Allah (ﷻ) sagt:

❴Und Wir sandten ja bereits Mūsā (Mose) mit Unseren Zeichen: „Bringe dein Volk aus den Finsternissen hinaus ins Licht, und erinnere sie an die Tage Allahs (ermahne sie mit den Tagen Allahs)." Darin sind wahrlich Zeichen für jeden sehr Standhaften und sehr Dankbaren.❵ (Qur`an 14:5)

● **Was sagt der Qur`an über Jesus ('Isā) und seine Mutter Maria (Maryam) (Friede sei auf ihnen beiden)?:**

Allah (ﷻ) sagt:

❴Und als die Engel sagten: „O Maryam, Allah hat dich auserwählt und dich rein gemacht und dich auserwählt vor den Frauen der (anderen) Weltenbewohner!❵ (Qur`an 3:42)

Allah (ﷻ) sagt:

❴Gewiss, das Gleichnis 'Isās (Jesus) ist bei Allah wie das Gleichnis Ādams. Er erschuf ihn aus Erde. Hierauf sagte Er zu ihm: „Sei!" und da war er.❵ (Qur`an 3:59)

Allah (ﷻ) sagt:

❴O Leute der Schrift, übertreibt nicht in eurer Religion und sagt gegen Allah nur die Wahrheit aus! Al-Masīh 'Isā (Jesus), der Sohn Maryams, ist nur Allahs Gesandter und Sein Wort, das Er Maryam entbot, und Geist von Ihm. Darum glaubt an Allah und Seine Gesandten und sagt nicht „Drei" (sagt nicht von Allah, dass Er in einem drei sei). Hört auf (damit), das ist besser für euch! Allah ist nur ein Einziger Gott. Preis sei Ihm (und Erhaben ist Er darüber), dass Er ein Kind haben sollte! Ihm gehört (alles), was in den Himmeln und was auf der Erde ist, und Allah genügt als Sachwalter.❵ (Qur`an 4:171)

Muslime lieben Jesus und seine Mutter

Jesus, Frieden sei mit ihm, wird im Qur`an an genau sechzehn unterschiedlichen Stellen erwähnt. In der Sura Al-Ma' ida (der Tisch) sagt Allah, Der Erhabene:

❰Wenn Allah sagt: „O Isā, Sohn Maryams, gedenke Meiner Gunst an dir und an deine Mutter, als Ich dich mit dem heiligen Geist stärkte, sodass du in der Wiege zu den Menschen sprachst und im Mannesalter; und als Ich dich die Schrift, die Weisheit, die Tora und das Evangelium lehrte; und als du aus Lehm mit Meiner Erlaubnis (etwas) schufst, (was so aussah) wie die Gestalt eines Vogels, und ihr dann einhauchtest, und sie da ein (wirklicher) Vogel wurde mit Meiner Erlaubnis; und (als) du den Blindgeborenen und den Weißgefleckten (D.i. den an Vitiligo [Weisssssfleck] erkrankten) mit Meiner Erlaubnis heiltest und Tote mit Meiner Erlaubnis (aus den Gräbern) herauskommen ließest; und als ich die Kinder Isrā'īls von dir zurückhielt, als du mit den klaren Beweisen zu ihnen kamst, worauf diejenigen von ihnen, die ungläubig waren, sagten: 'Das ist nichts als deutliche Zauberei'.❱
(Qur´an 5:110)

Während der Prophet Muhammad, möge Allah ihn in Ehren halten und bewahren, im Heiligen Qur`an an genau vier Stellen erwähnt wird, kommt die Jungfrau Maria (Frieden sei auf ihr), Mutter Jesu, genau achtmal zur Erwähnung, und eine ganze Sura (Kapitel) ist nach ihr benannt. In der Sura Al-i-Imran sagt Allah, Der Mächtige:

❰Als die Engel sagten: „O Maryam, Allah verkündet dir ein Wort von Ihm, dessen Name al-Masīh Isā, der Sohn Maryams ist, angesehen im Diesseits und Jenseits und einer der (Allah) Nahegestellten.❱ (Qur´an 3:45)

Als Familie werden sie im Heiligen Qur`an dreimal erwähnt und genießen den Vorzug, dass eine ganze Sura nach ihnen benannt ist, welche in den Herzen und Gedanken der Gläubigen eingeprägt ist.

Der Islam und der Dschihad

Der Kampf wird im Islam als Al-Ğihad (Dschihad) bezeichnet. Und die allgemein bekannte Bedeutung des Ausdrucks Ğihad im Islam ist die Anstrengung auf Allahs Weg, womit man die Seele dazu zwingt, die Verbote Allahs (Muharramat) zu unterlassen und seine Pflichten soweit man kann zu erfüllen, um Allahs Zufriedenheit zu erlangen. Das hat nichts mit Krieg oder Terror zu tun.

Jedoch trägt dieser Ausdruck eine spezielle Bedeutung und somit sollte das Wort Ğihad als Kampf für die Religion (Diin) (Das Wort, das als Religion übersetzt wird ist Diin, das im Arabischen gewöhnlich auf eine Art von Leben hinweist, welches beides ist- privat und öffentlich. Es beinhaltet alle Handlungen des Gottesdienstes, politische Verfahrensweisen und ein detailliertes Gesetz für das Verhalten bzw. Handhabung, sei es in Bezug auf die Hygiene oder andere allgemeine Angelegenheiten) verstanden werden, indem man zum Islam aufruft und versucht ihn an alle Menschen zu übermitteln.

Also ist dies keine neue Erfindung der islamischen Religion (Diin), sondern etwas, das auch schon in allen vorherigen offenbarten Gesetzen seinen Platz hatte.

Der Ğihad hat zwei Bedeutungen:

• **Ğihad der Verteidigung:** Hier handelt es sich um die Bekämpfung derjenigen, welche die Muslime angreifen oder ihnen ihr Land widerrechtlich unter den Füßen wegreißen wollen. Dies ist ein legitimes Recht für alle Menschen, egal welchen Glaubens oder welcher Nation.

• **Ğihad der Forderung (Anspruch):** Hier ist ein ehrbarer „Kampf" gegen die Feinde Allahs (ﷻ) gemeint.

Was andere Arten der Kriege anbelangt, etwa wie die Kriege aufgrund von Expansion, Annexion, Hegemonie, Racheaktionen oder Kriege, welche nur aus Macht oder Stolz geführt werden; Kriege, welche nur zur Ruinierung und Verwüstung führen, sind im Islam völlig verboten. Denn selbst der Krieg ist im Islam ein Akt, der um Allahs Willen unternommen wird, um Allahs Wort und Gesetz zu erhöhen. Der Krieg ist, islamisch gesehen, kein Akt, der nach persönlichen Neigungen oder menschlichen Gelüsten stattfinden darf. Allah (ﷻ) sagt:

《Und kämpft auf Allahs Weg gegen diejenigen, die gegen euch kämpfen, doch übertretet nicht! Wahrlich, Allah liebt nicht die Übertreter.》 (Qur`an 2:190)

Und der Ğihad verfügt über Richtlinien, Ordnung und Verhaltensregeln; die Kriegsgefangenen und das unterlegene Volk haben Rechte und Pflichten.

Der Gesandte des Islam, Muhammad (ﷺ), sagte:
"Greift an (kämpft), aber brecht eure Verträge oder den Waffenstillstand nicht, verstümmelt nicht und tötet kein neugeborenes Kind."
(Sahih Muslim, Hadith Nr. 1731)

Und der Gesandte des Islam (ﷺ) sagte:
"Und tötet keine Frau und keinen Sklaven…… ."
(Überliefert von Abu Dawud und Ibn Majah)

Wer über dieses Thema mehr wissen möchte, soll auf Bücher zurückgreifen, die speziell darüber handeln.

Islam - Religion des Friedens

Islam bedeutet, Gott ergeben zu sein, sich von Ihm führen zu lassen und den Götzendienst zu meiden. Es gibt nichts Schönes und Gutes, das der Islam ausgelassen hätte, und es gibt nichts Schlechtes, vor dem er nicht gewarnt und es verboten hätte. Das Praktizieren des Islam sichert das Zusammenleben aller in Frieden und Sicherheit unter seinen Regeln und seiner Ordnung, welche die Rechte aller gewähren.

Allah (ﷻ) sagt:

《Sag: Kommt her! Ich will euch verlesen, was euer Herr euch verboten hat: Ihr sollt Ihm nichts beigesellen, und zu den Eltern gütig sein; und tötet nicht eure Kinder aus Armut – Wir versorgen euch und auch sie; und nähert euch nicht den Abscheulichkeiten, was von ihnen offen und was verborgen ist; und tötet nicht die Seele, die Allah verboten hat (zu töten), außer aus einem rechtmäßigen Grund! Dies hat Er euch anbefohlen, auf dass ihr begreifen möget.》 (Qur`an 6:151)

《Allah gebietet Gerechtigkeit, gütig zu sein und den Verwandten zu geben; Er verbietet das Schändliche, das Verwerfliche und die Gewalttätigkeit. Er ermahnt euch, auf dass ihr bedenken möget.》 (Qur`an 16:90)

Also ist der Islam die Religion des vollständigen Friedens, mit allem, was dieses Wort bedeutet. Das bezieht sich auf die innere Ebene für die muslimische Gesellschaft, wie Allah (ﷻ) sagt:

《Und diejenigen, die den gläubigen Männern und den gläubigen Frauen Leid zufügen für etwas, was sie nicht begangen haben, laden damit Verleumdung und offenkundige Sünde auf sich.》 (Qur`an 33:58)

Und wie der Gesandte Allahs (ﷺ) sagte: "Der Muslim ist derjenige, vor dessen Zunge und Hand die Muslime verschont sind." "Und der Auswanderer ist derjenige, der vor dem, was Allah verboten hat, ausgewandert ist."

Und er (ﷺ) sagte auch: "Der Gläubige ist derjenige, bei dem sich die Leute sicher fühlen können."

Oder es bezieht sich auf die äußere Ebene, die weltweite Ebene, die auf friedlichen und freundschaftlichen Beziehungen basiert und damit die Festigung, Einhaltung, Sicherheit und Stabilität der Friedensregeln und -abkommen garantiert.

Die Islamischen Staaten dürfen diese Abkommen nicht brechen oder deren Sicherheit gefährden. Sie dürften keiner anderen Gesellschaft Unrecht zufügen, insbesondere solchen nicht, die ihnen nicht feindlich gesonnen sind und sich auch nicht über die Religion (des Islam) lächerlich machen. Der Islam gebietet die Gerechtigkeit und verbietet Ungerechtigkeit, sogar seinen Feinden gegenüber, denn Allah (ﷻ) sagt:

❨O die ihr glaubt, seid Wahrer der Sache Allahs als Zeugen für die Gerechtigkeit. Und der Hass, den ihr gegen (bestimmte) Leute hegt, soll euch ja nicht dazu bringen, dass ihr nicht gerecht handelt. ❩

(Qur`an 5: 8)

❨O die ihr glaubt, tretet allesamt in den Islam ein und folgt nicht den Fußstapfen des Satans! Er ist euch ja ein deutlicher Feind.❩

(Qur`an 2:208)

As-Salam (der Friede) ist einer der Namen Allahs (ﷻ):

❨Er ist Allah, außer Dem es keinen Gott gibt, der König, der Heilige, der Friede, der Gewährer der Sicherheit, der Wächter, der Allmächtige, der Gewalthaber, der Stolze. Preis sei Allah, (und Erhaben ist Er) über das, was sie Ihm beigesellen.❩ (Qur`an 59:23)

Und As-Salam (der Friede) ist auch einer der Namen des Paradieses. Allah (ﷻ) sagt:

❨Für sie gibt es die Wohnstätte des Friedens bei ihrem Herrn. Er ist ihr Schutzherr, für das, was sie zu tun pflegten.❩ (Qur`an 6:127)

Und As-Salam (der Friede) ist die Begrüßung der Bewohner des Paradieses unter einander.

Allah (ﷻ) sagt:

❰Ihr Gruß am Tag, da sie Ihm begegnen, wird sein: ´Friede!´ Und Er hat für sie trefflichen Lohn bereitet.❱ (Qur`an 33:44)

Und As-Salam (der Friede) ist auch der Gruß der Muslime (As-Salamu alaikum) untereinander. Das ist eine Begrüßung, die für denjenigen, der sie ausspricht und für denjenigen, der sie hört, die seelische Ruhe, Gelassenheit und Zuversicht bringt.

Das Wort selbst erklärt schon die Auswirkungen, die dieser Friedensgruß an Frieden und Sicherheit besitzt,. Aus diesem Grund hat der Gesandte Allahs (ﷺ) beschlossen, dass diese Begrüßung den Glauben vervollständigt: "Ihr werdet nicht eher in das Paradies eintreten, bis ihr gläubig seid. Und ihr werdet nicht gläubig sein, bis ihr euch liebt. Soll ich euch nicht auf etwas hinweisen, wenn ihr das tut, dann werdet ihr euch lieben? Sagt den «Salam» unter euch." (Muslim) Und er (ﷺ) hat auch beschlossen, dass diese Begrüßung mit dem Salam eine der besten Taten ist, und zwar weil sie die Herzen näher zusammenbringt, Freundschaft zwischen den Herzen aufbaut und den Hass und die Zwietracht vertreibt.

Deswegen hat der Prophet (ﷺ) auf die Frage: "Was ist der beste Islam?» geantwortet: «Indem du andere speist und jeden mit dem Friedensgruß grüßt, den du kennst und den du nicht kennst!" (Bukhary)

Also diese vollkommene Religion hat eine Ordnung und eine Gesetzgebung in unterschiedlichen Bereichen, wie Handel, Wirtschaft, Politik, Eheschließung, Gottesdienst usw. für eine friedliche Gesellschaft gebracht, die wenn sie wirklich in die Tat umgesetzt wird, der vollkommenste Staat aller Zeiten ist, denn es handelt sich dabei um die Gesetzgebung Allahs (ﷻ).

Sie regelt die Beziehung zwischen dem Muslim und seinem Herrn, dem Muslim und seiner Gesellschaft und der ganzen Welt außenherum, sei es die Menschheit oder die Natur. Dieses vollkommene Gleichgewicht kann der Mensch nicht allein hervorbringen, denn es entspringt der unendlichen Weisheit Gottes. Und aus diesem Grund sollten wir diese Religion bewahren, annehmen, sie verbreiten und darüber aufklären und keine Feindbilder aufbauen.

Der Islam und die Umwelt

Der Islam befiehlt, die Umwelt zu bewahren, sie sauber zu halten und verbietet es, sie zu verschmutzen, durch:

- die Ermutigung, sinnvolle Bäume zu pflanzen. Der Gesandte des Islam (ﷺ) sagte:

"Kein Muslim wird einen Baum einpflanzen oder die Saat in die Erde senken, wovon Vögel, Menschen oder Tiere verzehren, ohne dass er dafür (von Allah) den Lohn eines Almosens (Sadaqah) erhalten wird."
(Sahih Al-Bukhari Hadith Nr.2195)

- die Ermutigung, alles zu beseitigen, das anderen schaden könnte. Der Gesandte des Islam (ﷺ) sagte:

"Und das Entfernen des Schmutzes vom Weg ist ein Almosen."
(Sahih Al-Bukhari Hadith Nr.2827)

- die Aufforderung, sich bei ansteckenden Krankheiten von der Gemeinschaft fernzuhalten, damit die Krankheiten nicht verbreitet oder in andere Gebiete verschleppt werden, und um das Leben anderer zu bewahren. Der Gesandte des Islam, Muhammad (ﷺ), sagte:

"Wenn ihr von einem Land hört, in welchem sie an Typhus leiden, so betretet es nicht, und wenn ihr in diesem Land seid, so verlasst es nicht."
(Sahih Al-Bukhari Hadith Nr.5396)

- das strikte Verbot, Tiere und Vögel aus Lust und Laune zu töten. Der Gesandte des Islam (ﷺ) sagte:

"Wenn jemand einen Spatz umsonst tötet, wird dieser Spatz am Jüngsten Tag mit laut erhobener Stimme zu Allah sagen: "O Herr, dieser jemand hat mich umsonst getötet; er hat mich nicht getötet, um zu profitieren.""
(Sahih Ibn Habban Hadith Nr. 5894)

- das absolute Verbot, die Umwelt egal in welcher Art zu verschmutzen. Der Gesandte des Islam (ﷺ) sagte:

""Vermeidet die Verfluchten!" Sie sagten: "Wer sind die beiden Verfluchten?" Er sagte: "Diejenigen, die auf den Weg der Menschen urinieren oder an Plätze, die im Schatten liegen."" (Sahih Muslim Hadith Nr.269)

Der Islam und die Sauberkeit

Der Islam ist eine Religion der Sauberkeit. Allah (ﷻ) sagt:

❲Oh Kinder Ādams, legt euren Schmuck bei jeder Gebetsstätte an und esst und trinkt, aber seid nicht maßlos! – Er (Allah) liebt nicht die Maßlosen.❳

(Qur`an 7:31)

Und sie ist eine Religion der Reinheit. Allah (ﷻ) sagt:

❲Allah liebt die Reumütigen, und Er liebt die, die sich rein halten.❳

(Qur`an 2:222)

Abbildung: Der „Hof der Löwen" im Alhambra Palast, der im spanischen Andalusien gebaut wurde, als dort die Muslime regierten.

Die Reinheit ist eine Bedingung für ein richtiges Gebet, welches der Muslim fünfmal am Tag und in der Nacht verrichtet.

❲O ihr glaubt, wenn ihr euch zum Gebet aufstellt, dann wascht euch das Gesicht und die Hände bis zu den Ellbogen und streicht euch über den Kopf und (wascht euch) die Füße bis zu den Knöcheln. Und wenn ihr im Zustand der Unreinheit (hier handelt es sich um die große rituelle

Unreinheit nach Geschlechtsverkehr oder Samenerguss) seid, dann reinigt euch. **Und wenn ihr krank seid oder auf einer Reise oder jemand von euch vom Abort kommt oder ihr Frauen berührt habt** (D.h.: mit ihnen geschlechtlich verkehrt habt) **und dann kein Wasser findet, so wendet euch guten (reinen) Erdboden zu und streicht euch damit über das Gesicht und die Hände. Allah will euch keine Bedrängnis auferlegen, sondern Er will euch reinigen und Seine Gunst an euch vollenden, auf daß ihr dankbar sein mögt.** (Qur`an 5:6)

Der Islam befielt die Reinigung im Zustand der rituellen Unreinheit und machte es für manche religiöse Riten, wie z. B. das Freitagsgebet, die zwei Feste, Haǧǧ und Umra, zu einer Sunna-Handlung, die Muhammad, der Gesandte (ﷺ), regelmäßig verrichtete. Und er betonte auch, dass man sich die Hände vor und nach dem Essen wäscht. Der Gesandte des Islam (ﷺ) sagte:

"Der Segen des Essens liegt darin, dass man sich die Hände davor und danach wäscht." (Sunan Al-Tirmidhi, Hadith Nr.1846)

Er empfahl auch regelmäßiges Säubern von Mund und Zähnen. Der Gesandte des Islam (ﷺ) sagte:
"Wäre es für meine Umma keine Last, hätte ich sie angewiesen, bei jeder Gebetswaschung den Siwak (Zahnhölzchen zur Reinigung der Zähne) zu benutzen." (Sahih Muslim Hadith Nr. 252)

Entfernen und Säubern von allem, was zur Ansammlung von Krankheitserregern dienen kann. Der Gesandte des Islam (ﷺ) sagte:
"Fünf Sachen gehören zur natürlichen Veranlagung des Menschen (Fitra): das Entfernen der Schamhaare, die Beschneidung, das Stutzen des Schnurrbartes, das Zupfen der Achselhaare und das Kürzen der Nägel."
(Sahih Al-Bukhari Hadith Nr. 5939)

Der Islam und die Wissenschaft

Der Islam ermutigt die Menschen, zu lernen und ihr Wissen zu vermehren. Er verabscheut die Unwissenheit und warnt davor. Allah (ﷻ) sagt:

《So erhöht auch Allah diejenigen von euch, die glauben, und diejenigen, denen das Wissen gegeben worden ist, um Rangstufen. Und Allah ist dessen, was ihr tut, Kundig.》 (Qur`an 58:11)

Er betrachtet das Bestreben zu lernen als eines der Mittel, um in das Paradies (Dschannah) zu gelangen. Der Gesandte des Islam (ﷺ) sagte: "Wer einen Weg entlang zieht, auf ihm Wissen zu suchen, dem wird Allah dafür einen Weg zum Paradiesgarten ebnen." (Sahih Ibn Haban Hadith Nr. 88, Abu Dawud)

Im Gegensatz dazu ist die Geheimhaltung von Wissen verboten, denn jeder, ohne Ausnahme, hat ein Anrecht darauf. Der Gesandte des Islam (ﷺ) sagte: "Wer ein Wissen geheim hält, dem stülpt Allah am Jüngsten Tag einen Maulkorb aus Feuer auf den Mund." (Sahih Ibn Haban,Hadith Nr. 96)

Der Islam respektiert den Gelehrten und betont die Rangstufe der Gelehrten, und befiehlt, sie zu respektieren und verehren. Der Gesandte des Islam, Muhammad (ﷺ), sagte: "Jemand, der zu unseren Kleinen nicht barmherzig ist, die Ehre unserer Alten nicht achtet und nicht die Rechte unserer Gelehrten kennt, gehört nicht zu meiner Ummah (Gemeinde)." (Musnad Imam Ahmad Hadith Nr.22807)

Diese Abbildung stellt einen Aspekt der modernen Technologie bildlich dar. Moderne Technologie wäre nicht auf diese Weise vorgerückt, wenn die islamische Kultur nicht gewesen wäre.

51

Einfluss der islamischen Kultur auf die moderne wissenschaftliche Entwicklung

Wer zurückblickt zu den Wurzeln der Entwicklung, welche die moderne Wissenschaft gefördert haben, wird herausfinden, welche Bedeutung die islamische Kultur und ihre Wissenschaftler für diesen Fortschritt besitzen. Also haben wir diese wissenschaftlichen Entwicklungen zuerst Allah (ﷻ) und danach diesen Wissenschaftlern zu verdanken. Sedio, ein westlicher Wissenschaftler sagte: „Der Westen versuchte immer wieder die Vorzüglichkeit der Arabisch-Islamischen-Kultur gegenüber der Welt zu leugnen, jedoch kann er diese Abdrücke niemals vom Gewölbe des Himmels entfernen."

Denn der Islam stellte die Hauptfundamente der Wissenschaft auf und legte die Grundlagen, von denen die moderne Weltkultur (Zivilisation) ausgegangen ist. Und wer auf das "Fachbuch technischer Begriffe des Luftraums"[7] (auf Seite 185) zurückgreift, wird feststellen können, dass mehr als 60% der Berühmtheiten der Flugwissenschaft ursprünglich arabischer Abstammung sind.

Dieses Modell aus dem 12. Jahrhundert zeigt das Solarsystem. Baghdad.

Die Werke und Bücher der frühen Muslime waren die Hauptquellen, von welchen die Nachfolger profitierten; besonders die Europäer, die diese Werke in der Renaissance in ihre Sprachen übersetzten und sie für ihren Fortschritt ausnutzten. Somit wurde dieses Wissen auch an ihren Universitäten gelehrt.

Dr. Gustav Lebon (französischer Arzt und Historiker, der sich mit der orientalischen Kultur befasst hat; entnommen aus dem Buch "Aussagen

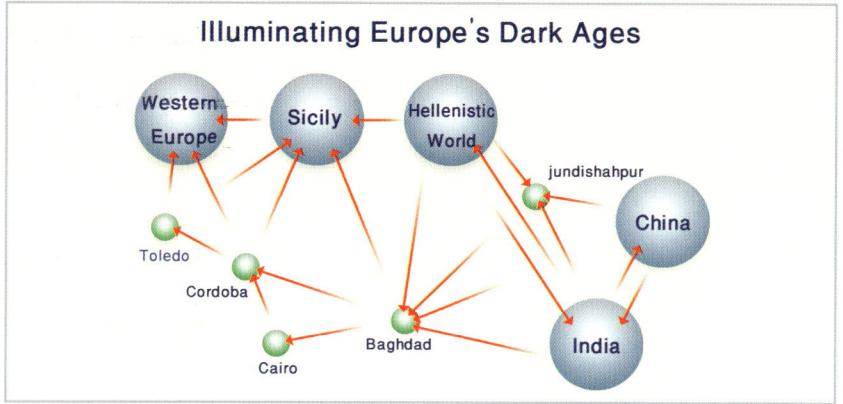

Wichtige Wissenschaften die in Indien, in China und in der Hellenistischen Welt entwickelt wurden, wurden von den muslimischen Gelehrten zusammengetragen und übersetzt, dann verfeinert, synthetisiert und an unterschiedlichen Bildungszentren der islamischen Welt erweitert, von denen das Wissen nach Westeuropa gelang. (History of Medicine, Arab roots of European Medicine, David W. Tschanz, MSPH, PhD. Also see: www.hmc.org.qa/hmc/heartviews/H-V-v4%20N2/9.htm)

Das Astrolabium: eine von Muslimen erfundene, wichtige Vorrichtung für die Navigation. Die Punkte der gebogenen Spitzen auf der vorderen Platte kennzeichnen die Positionen der hellsten Sterne. Der Name jedes Sternes ist an der Unterseite jeder Spitze gekennzeichnet. In die Rückseite der Platte sind projizierte beigeordnete Linien eingraviert. Vom Whipple Museum der Geschichte der Wissenschaft in Cambridge.

über den Islam", von Dr. Imaduddin Khalil, Seite 135) sagt in seinem Buch "Arabische Kultur": „Je mehr wir in den Studien der Arabischen Kultur, ihren wissenschaftlichen Büchern, ihren Erfindungen und ihrer Kunst nachforschen, desto mehr enthüllen sich viele Wahrheiten und wir können breite Horizonte klar erkennen. Schnell stellen wir fest, dass die Araber der Grund dafür waren, dass die Menschen im Mittelalter Wissen über die früheren Wissenschaften erhielten. Die westlichen Universitäten haben mehr als fünf Jahrhunderte keine andere Wissensquellen außer den arabischen Literaturen gekannt und mit diesem Wissen über Materie, Verstand und Moral modernisierten sie Europa. Die Geschichte kannte keine andere Gesellschaft, die solche Dinge in so kurzer Zeit zustande brachte, während kein Volk sie in dieser Einzigartigkeit überbieten konnte."[8]

An dieser Stelle wollen wir einige der hervorragenden Gelehrten in verschiedenen Gebieten nennen:

- **Al-Khawarizmi** (780-850) war ein großartiger Gelehrter im Bereich der Mathematik, Algebra, Arithmetik, Logarithmik und Geometrie. Vielleicht war er einer der großartigsten Mathematiker, die jemals lebten. Tatsächlich war er der Gründer verschiedener Bereiche und Basiskonzepte der Mathematik. Er war auch der Gründer der Algebra.

- **Al-Biruni** lebte von 973-1048 und war einer der größten Gelehrten seiner Zeit. Mehr als hundert Schriften verfasste er zur Geographie, Geschichte, Astronomie, Mathematik und Pharmazie. Manche zählen ihn zu den Vätern der Apotheker. Er erfand eine eigene Methode, um den Radius zu messen. Er bewies die Kugelgestalt der Erde und berechnete ihren Umfang. Er bestimmte spezifische Gewichte und konstruierte das erste Pyknometer. Al-Biruni diskutierte die Rotation der Erde um ihre Achse bereits sechshundert Jahre vor Galileo!

Der deutsche Orientalist E. Sachau sagte über Al-Biruni: "Der großartigste Intellektuelle, den die Menschheit jemals gekannt hat."

Als Muslime sagen wir, dass der den Menschen bekannte, großartigste Intellektuelle, der Gesandte Allahs Muhammad (ﷺ) war.

Und im medizinischen Wissenschaftsbereich und der Pharmakologie legten die islamischen Wissenschaftler die Grundlagen, von welchen aus die moderne Welt die medizinische Entwicklung begann. Unter diesen Gelehrten befinden sich:

- **Ibn Ruschd,** auch Averroes genannt (1126 - 1198) war ein Philosoph und Physiker, ein Meister der Philosophie und islamischer Gesetzgebung, der Mathematik und Medizin.

- **Ibn an-Nafis** (1213-1288) entdeckte den Blutkreislauf 400 Jahre vor dem „offiziellen Entdecker" Harvey und dem Spanier Michael Servetus. Dies wurde auf spektakuläre Weise im Jahre 1924 von einer medizingeschichtlichen Dissertation an der Universität Freiburg im Breisgau nachgewiesen. Ibn an Nafis erkannte, dass das Blut über die Lunge von der rechten Herzkammer in die linke fließt.

- **Ammar ibn Ali Al-Mousli** verfasste ein Buch mit einer Auswahl von 48 Augenkrankheiten. Er schilderte erstmals die Operation des Stars mit einer metallenen Hohlnadel.

- **Al-Hasan ibn Al-Haitham** (Alhazen 965 bis ca. 1040), arabischer Wissenschaftler und Naturforscher, der über 200 Werke zur Optik, Astronomie und Mathematik schrieb. Sein Hauptwerk "Große Optik" besteht aus sieben Bänden und enthält Beschreibungen und Erklärungen zum Licht und zum Gesichtssinn. Er leistete die bedeutendsten Beiträge auf dem Gebiet der Optik. Er entwickelte eine umfassende Theorie, die das Sehvermögen mittels Geometrie und Anatomie erklärte. Von ihm stammt auch die so genannte „Alhazensche Aufgabe": Zwei Punkten liegt eine spiegelnde Oberfläche gegenüber; gesucht ist der Punkt auf der Oberfläche des Spiegels, der einen Lichtstrahl, welcher aus einem der gegebenen Punkte austritt, auf den anderen reflektiert.

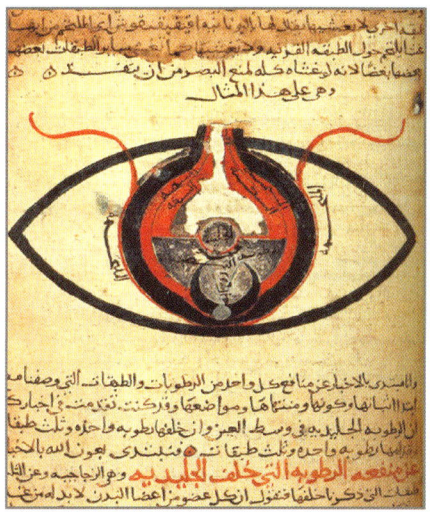

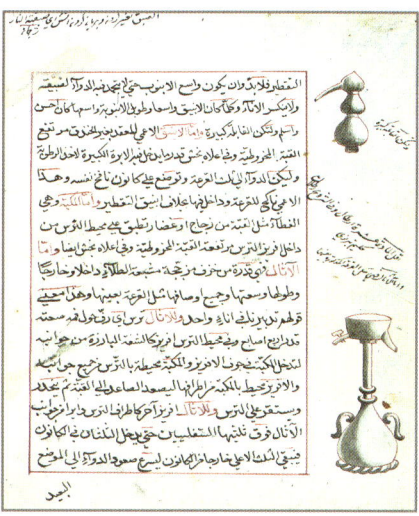

Augenanatomie - eine Abbildung, die dem Buch eines alten muslimischen Arztes entnommen wurde.

Prozess medizinischer Extraktion - eine Abbildung, die dem Buch eines alten muslimischen Apothekers entnommen wurde.

- **Al-Mansoori und Abu Bakr ar-Razi** (als Rhases bekannt 865-925) neben Abhandlungen zur Physiologie, Pathologie, Therapie und Kasuistik aus eigener Praxis sind umfangreiche Werke zur Anatomie, Chirurgie und Toxikologie (auch über die Wirkung von Heilpflanzen) überliefert. Rhases beschrieb als erster die Pocken und die Masern und vermutete erstmalig, dass die Ursache für Infektionskrankheiten im Blut liegen könne. Beide

waren als vielseitige Physiker bekannt. Sie leisteten fundamentale Beiträge in den Bereichen der Medizin und Philosophie.

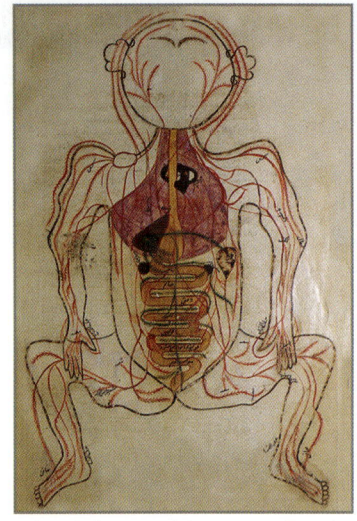

- **Mouaffaq Al-Baghdadi** und Abi Al-Qasim Al-Zahrawy sind bekannt in der Kiefer- und Zahnchirurgie und Heilkunde; und sie waren es, die eine Enzyklopädie bestehend aus 30 Teilen erstellten, in welchen sie die abgebildeten Instrumente beschreiben, welche bei der Durchführung von Operationen verwendet werden und die Art ihrer Handhabung.

- **Al-Scharif Al-Idriesy** (1100-1165) Er war einer der Führenden im Bereich der Erdkunde, er hat hervorragende Landkarten gezeichnet und mehrere Seegeräte entworfen. Es gibt sehr viele muslimische Wissenschaftler, die an der Entwicklung

Blutzirkulation und die inneren Organe des menschlichen Körpers.
Eine Abbildung, die dem Buch eines alten muslimischen Arztes entnommen wurde.

der Kultur beteiligt waren. Wenn Sie mehr über diese Personen erfahren möchten, können sie auf Bücher zurückgreifen, welche von ihnen berichten. Und Sie werden sehen, dass viele Theorien und Forschungsarbeiten von ihnen übernommen und anderen Namen zugeordnet wurden.

Georg Sarton sagte: "Ohne die islamischen Wissenschaftler und ihre Werke hätten die Wissenschaftler den Aufschwung vom Null-Punkt anfangen müssen und somit hätte sich die Zivilisation um mehrere Jahrhunderte verspätet." [9]

Die Weltkarte - eine Abbildung, die dem Buch eines muslimischen Geographie-Gelehrten entnommen wurde.

Tugendhaftigkeiten der islamischen Zivilisation

- Das Erlangen von Wissen ist im Islam eine religiöse Aufforderung. Die islamische Religion fordert das Streben nach Wissen und bewegt den Menschen dazu, sich noch mehr Wissen anzueignen.

- Muslimische Wissenschaftler nutzten ihre Erkenntnisse, um den Glauben der Menschen zu stärken. Die Wissenschaftler der Gegenwart nutzen hingegen ihr Wissen, um den Glauben (Iman) aus den Herzen der Menschen zu entfernen.

- Muslimische Wissenschaftler machten ihre errungenen Kenntnisse der Menschheit dienstbar. Im Gegensatz hierzu nutzen viele moderne Wissenschaftler ihr Wissen und ihre Kenntnisse für die Ausbeutung der Menschen, beispielsweise durch die böse und schmutzige Erfindung der Atombombe und anderen Zerstörungswaffen und die Bekämpfung von jedem, der solche Erfindungen besitzen will, damit sie über sie herrschen und sie ausbeuten können.

- Muslimische Wissenschaftler legten ihre Errungenschaften und ihr Wissen offen dar, damit die gesamte Menschheit davon profitieren kann. Viele andere Wissenschaftler des modernen Zeitalters verhalten sich genau gegenteilig, indem sie ihre Errungenschaften nur für sich und ihre Nation behalten und sich weigern, das moderne Wissen in andere Hände weiterzugeben.

- Muslimische Wissenschaftler erzielen durch ihr Erlangen von Wissen den Lohn (Ajr) Allahs. Jedoch ist im Gegensatz hierzu für die meisten Wissenschaftler des modernen Zeitalters das Wissen ein Weg, um Reichtum zu erlangen.

Einige Zeichen über den Wundercharakter des Qur`ans

Allah (﷾) sagt:

❴In der Schöpfung der Himmel und der Erde; im Unterschied (auch: in der Aufeinanderfolge von Nacht und Tag) von Nacht und Tag; in den Schiffen, die das Meer befahren mit dem, was den Menschen nützt; darin, dass Allah Wasser vom Himmel herabkommen lässt, und damit dann die Erde nach ihrem Tod wieder lebendig macht und auf ihr allerlei Tiere sich ausbreiten lässt; und im Wechsel der Winde und der Wolken, die zwischen Himmel und Erde dienstbar gemacht sind, sind wahrlich Zeichen für Leute, die begreifen.❵ (Qur`an 2:164)

Diese Abbildung stellt die Galaxie, die unser Solarsystem enthält, bildlich dar.

Der Qur`an wurde Muhammad (ﷺ) offenbart, und er (ﷺ) war ein Analphabet, der weder lesen noch schreiben konnte; inmitten einem analphabetischen Volk, in welchem nur wenige des Lesens und Schreibens mächtig waren. Wie kann also jemand eine Schrift hervorbringen, die die Beredetsten der Menschen in Erstaunen versetzt hat? Er hat die Araber mit Rhetorik und Sprachgewandtheit bezaubert. Und obwohl seine Leute, ein Volk der Sprachgewandtheit waren, hat der edle Qur´an sie herausgefordert, etwas

Ähnliches wie den Qur´an zustande zu bringen. Allah (ﷻ) sagt:

《Sag: Wenn sich die Menschen und die Ǧinn zusammentäten, um etwas beizubringen, was diesem Qur´an gleich wäre, sie brächten nicht seinesgleichen bei, auch wenn sie einander Beistand leisten würden.》
(Qur´an 17:88)

Allah fordert alle auf, etwas hervorzubringen, das dem Qur`an ähnlich ist. Es sollte nicht außer Acht gelassen werden, dass das kürzeste Kapitel im Qur`an nur 10 Wörter lang ist!

Der Gesandte (ﷺ) und seine Gefährten litten unter Armut und Bedürftigkeit, trotzdem hat der Gesandte (ﷺ) ihnen Verse vom Qur´an vorgelesen, die vom Wundercharakter des Qur`ans handelten. Und dies vor mehr als 14 Jahrhunderten, während die Wissenschaftler nicht in der Lage waren, all dies zu entdecken. Sie machten diese Entdeckungen erst im modernen Zeitalter mit Hilfe von entwickelten Geräten und Instrumenten.

Thomas Carlyle sagte: "Kann ein irrender Mann eine Religion finden? Ein irrender Mann könnte nicht einmal ein Ziegelsteinhaus errichten! Denn wenn er die Besonderheiten und Merkmale des Mörtels, des gebrannten Lehms und allem, was zur Errichtung eines Hauses benötigt wird, nicht kennt und sich nicht danach richtet, wird das was er baut kein Haus, sondern ein Häufchen Schutt und ein Hügel aus einer Mischung von Baumaterial. Dieses Haus würde keine 12 Jahrhunderte standhalten, um 180 Millionen zu beherbergen. Eher würde es sofort zusammenstürzen."[10]

Der Qur`an und der Ursprung des Universums

Allah (ﷻ) sagt:

《Allah macht die Schöpfung am Anfang und wiederholt sie hierauf. Dann werdet ihr zu Ihm zurückgebracht.》

(Qur´an 30:11)

In diesem Vers bestätigt Allah klar und deutlich, dass Er der Einzige ist, Der die Schöpfung im diesseitigen Dasein aus Nichts erschaffen hat. Dies wird im Quran festgestellt, der die göttliche Offenbarung von Allah (ﷻ) ist. Allah (ﷻ) beschreibt den Anfang des Universums:

《(Er ist) der Schöpfer der Himmel und der Erde in ihrer schönsten Form. Und wenn Er eine Angelegenheit bestimmt, so sagt Er ihr nur: „Sei!" und so ist sie.》 (Qur´an 2:117)

Dies ist eine echte Abbildung eines Sternes, der sich aus interstellarer Materie gebildet hat.

In diesem Vers unterrichtet uns Allah (ﷻ) darüber, dass Er das Universum aus dem Nichts erschaffen hat. Alles, das vor der Schöpfung geschieht, gehört zu den Verborgenheiten, die nur Allah kennt. Der Menschenverstand ist nicht in der Lage, die Zusammensetzung der Materie und ihre ursprüngliche Entstehung zu erfassen, denn dies ist ein Wissen, das Allah für Sich behält. Und der Menschenverstand wird niemals in der Lage sein zu verstehen, wie die Zusammensetzung der Materie und ihre ursprüngliche Entstehung ist. Alles was der Menschenverstand bieten kann, sind nur Theorien und

Vorschläge, die aus Vermutungen bestehen. Allah (ﷻ) sagt:
《Ich habe sie weder bei der Erschaffung der Himmel und der Erde noch bei ihrer eigenen Erschaffung zu Zeugen genommen. Ich nehme Mir niemals die Irreführenden als Beistand.》 (Qur´an 18:51)

Allah (ﷻ) sagt:
《Sehen denn diejenigen, die ungläubig sind, nicht, dass die Himmel und die Erde eine zusammenhängende Masse waren? Da haben Wir sie getrennt und aus dem Wasser alles Lebendige gemacht. Wollen sie denn nicht glauben? 》
(Qur´an 21:30)

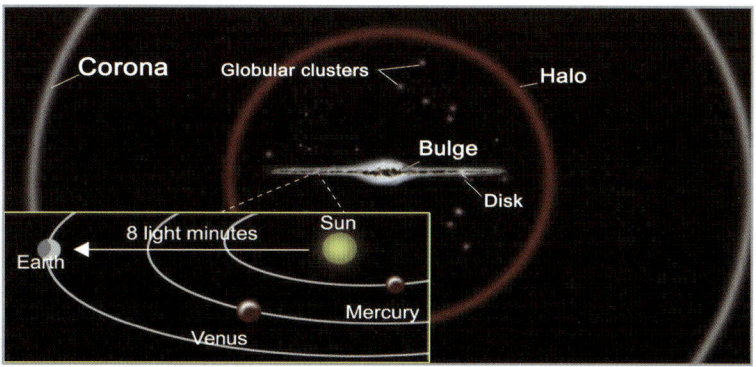

Diese Abbildung zeigt, dass sich das Universum erweitert

Und dieser Vers ist ein klarer Beweis für die Tatsache, dass das Universum aus einer einzigen Einheit erschaffen wurde, und Allah ist der Allmächtige. Dann befal Allah (ﷻ) dieser elementaren Masse, sich zu spalten. Sie trennte sich (Trennungsstadium) und wurde in eine Rauchwolke (Rauch-Stadium) umgewandelt. Und Allah (ﷻ) hat aus diesem Rauch die Erde und den Himmel (d.h. alle Himmelskörper und was zwischen beiden an unterschiedlichen Gestaltungen aus Materie und Energie ist, was wir kennen und nicht kennen) erschaffen.

Auf diesem Bild sind unsere Galaxie und die verschiedenen Planeten abgebildet.

Und dieses Stadium ist unter dem Namen "Stadium des Herkommens von Erde und Himmel" bekannt. Und die beiden letzten Stadien werden von Allah (ﷻ) ausführlich beschrieben:

《Sag: Wollt ihr denn wirklich denjenigen verleugnen, Der die Erde in zwei Tagen erschaffen hat, und Ihm andere als Seinesgleichen zur Seite stellen? Das ist der Herr der Weltenbewohner (auch: aller Welten). Er hat in ihr fest gegründete Berge gemacht, (die) über ihr (aufragen), und hat sie gesegnet und in ihr die Nahrung im rechten Maß in vier Tagen festgelegt, gleichmäßig für diejenigen, die danach fragen (D.h.: für alle Lebewesen). Hierauf wandte Er sich dem Himmel zu, während er noch aus Rauch bestand, und sagte dann zu ihm und zur Erde: „kommt beide her, freiwillig oder widerwillig (Wörtlich: gehorsam oder gezwungen)." Sie sagten: „Wir kommen in Gehorsam.》 (Qur´an 41:9-11)

Moderne Astrophysiker bestätigen, dass der Anfang der Erschaffung des Universums mit allem, was es an Materie oder Energie oder Zeit enthält, das Ergebnis der gewaltigen Explosion war. Diese gewaltige Explosion ist ein Beweis der Göttlichen Allmacht. Es ist bekannt, dass eine Explosion an sich dazu führt, dass die Materie verstreut wird und nur Ruinen hinterlässt. Aber diese Explosion des Weltalls führte zu einem wunderbaren Weltsystem, welches einen perfekten Entwurf mit genauen Dimensionen, Verhältnissen und Reaktionen enthält. Wohlgeordnet in seinen Massen, Volumen und Abständen, gleichmäßig in seiner Bewegung und Bahn. Auf die gleiche Art und Weise aufgebaut, von seinem kleinsten Teilchen bis zu seinen größten Einheiten, trotz der riesigen Distanzen, der großen Zahl der Himmelskörper und der komplizierten Zusammenhänge. Eine Explosion, deren Ergebnisse derartig wunderbar sind, kann nicht ohne gewisse Vorbereitung und einer weisen Einschätzung geschehen sein. Dazu ist niemand fähig, außer dem Herrn der Welten. (**Dr. Zaghlul Al-Najar**)

Und dies beweist, dass es aus dem Nichts erschaffen wurde. Allah (ﷻ) sagt:

《Hierauf wandte Er sich dem Himmel zu, während er noch aus Rauch bestand, und sagte dann zu ihm und zur Erde: „kommt beide her, freiwillig oder widerwillig (Wörtlich: gehorsam oder gezwungen)." Sie sagten: „Wir kommen in Gehorsam".》 (Qur´an 41:11)

In diesem Vers (Ajah) gibt der Qur´an wieder, dass der Himmel am Anfang der Schöpfung aus Rauch bestand; und die moderne Wissenschaft bestätigt dies.

Dr. George Gamow spekulierte: "Wahrscheinlich war das Universum voller Gas, das gleichmäßig verteilt war. Und aus diesem Gas vollzog sich die Prozedur der Umwandlung von Kernenergie in die verschiedenen Elemente."

James H. Jeans, der Astronomie-Wissenschaftler sagte: "Wir haben herausgefunden, wie Newton auch schon vermutete, dass eine verstreute Gasmasse, bestehend aus einer ungefähr gleichmäßigen Dichte und einem sehr gewaltigen Ausmaß, dynamisch unbeständig wurde. Die Wolken oder die Himmelskörper haben sich wahrscheinlich daraus gebildet."[11]

Diese Abbildung stellt die tatsächliche Nachwirkung der Explosion eines Sternes im Himmel bildlich dar

Der Qur´an und die Ausdehnung des Universums

Allah (繩) sagt:

《Und den Himmel haben Wir mit Kraft aufgebaut, und Wir weiten (ihn) wahrlich (noch) aus.》 (Qur´an 51:47)

Und Allah (繩) sagt:

《An dem Tag, da Wir den Himmel zusammenfalten, wie der Urkundenschreiber die Schriftstücke zusammenfaltet. Wie Wir eine erste Schöpfung am Anfang gemacht haben, wiederholen Wir sie; (das ist) ein für Uns bindendes Versprechen. Wir werden es bestimmt tun.》
(Qur´an 21:104)

Und Allah (繩) sagt:

《An dem Tag, da die Erde zu einer anderen Erde verändert werden wird, und (ebenso) die Himmel, und da sie vor Allah erscheinen werden, dem Einen, dem Allbezwinger.》 (Qur´an 14:48)

Diese Verse (Ajat) bekräftigen, dass sich das Universum in dem wir leben, ständig ausdehnt. Und wenn wir die Zeit zurückdrehen würden, würden wir feststellen, dass das Universum aus einem einzigen Uratom oder einem kosmischen Ei entstanden sein muss (zusammengeflicktes Stadium). Dieser urzeitliche Atomkörper ist auf den Befehl Allahs hin explodiert (Trennungsstadium) und wandelte sich in eine Rauchwolke um (Rauch-Stadium). Daraus entstanden die Erde und die Himmel (Stadium des Herkommens von Erde und Himmel). Und seit dieser Explosion dehnt sich das Universum immer weiter aus und wird letzten Endes auf Befehl Allahs hin zum Stillstand kommen; jedoch kennt den genauen Zeitpunkt niemand außer Allah. Und dann wird das Universum beginnen, sich zusammenzufalten und wieder zu dem urzeitlichen Atomkörper zu vereinigen wie am Anfang. Die Explosion wiederholt sich abermals und die Umwandlung in Rauch findet nochmals statt, aus dem dann eine andere Erde und andere Himmel erschaffen werden. Hier geht die Reise des diesseitigen Lebens zu Ende und die Reise des jenseitigen Lebens beginnt. Alle diese Stadien sind im Quran erwähnt. Egal wie intensiv man sich mit diesem Thema befasst: all diese Einzelheiten, die die moderne Wissenschaft erst vor kurzem entdeckt hat, sind im Quran beschrieben, der vor 1400 Jahren offenbart wurde! Dies allein bestätigt die Tatsache, dass der Quran Allahs Wort sein muss und dass Muhammad die göttliche Offenbarung erhielt, und diese Fakten den Menschen zuteil werden ließ, und das zu einer Zeit, als noch niemand sonst davon Kenntnis besaß. Erst Jahrhunderte später entdeckten die Menschen dieses Wissen.

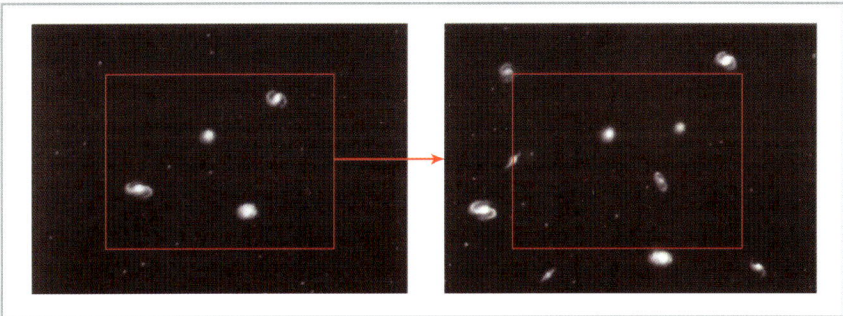

Diese Abbildung zeigt, dass die Abstände zwischen Galaxien oder Blöcken der Galaxien fortwährend zunehmen und sich das Universum folglich erweitert

In diesem Zeitalter haben die astronomischen Wissenschaftler festgestellt, dass sich das Universum in einer kontinuierlichen Bewegung befindet und dass es sich ausdehnt und ausbreitet. Diese Feststellungen machten sie durch ihre Beobachtungen der weit entfernten Himmelskörper und Galaxien. Diese Wahrheit hat der amerikanische Astronom Vesto M. Slipher bestätigt, indem er mehrere Bahnen der Himmelskörper außerhalb unseres Sonnensystems, der Milchstraße, feststellte, die sich sehr hohe mit Geschwindigkeit voneinander und von uns entfernen[12]. Auch der amerikanische Astronom Edwin Hubble bestätigte die Expansion des Universums und dass die Galaxien und die Himmelskörper sich stets voneinander fortbewegen[13]. Diese Ausdehnung wird immer stattfinden, bis die Anziehungskraft die Kontrolle über die Planeten und Himmelskörper verliert. Dadurch werden die Planeten im Universum verstreut und daraus resultiert das Ende dieser Welt. Allah (ﷻ) sagt:

《Wenn der Himmel zerbricht und wenn die Sterne sich zerstreuen.》
(Qur´an 82:1-2)

Der Qur`an und die Himmelsgestirne

Allah (ﷻ) sagt:

❨Allah ist es, Der die Himmel ohne Stützen, die ihr sehen könnt, emporgehoben und Sich herauf über den Thron erhoben hat.❩ (Qur´an 13:2)

Die modernen Studien über das Universum zeigen, dass eine unsichtbare Kraft im primären Baustein der Materie und in allen Atomteilchen und Molekülen und in allen Himmelskörpern den Aufbau des Universums kontrolliert. Allah (ﷻ) kann das Universum zerstören und dann eine andere neue Schöpfung ins Leben rufen. Und von diesen Energien, die die Wissenschaftler in Himmel und Erde erkannt haben, gibt es vier Formen. Man glaubt oder vermutet, dass diese unterschiedlichen Formen eine großartige Kraft bilden, die in das ganze Universum fließt und es zusammenhält. Diese vier Energien sind:

● **Starke nukleare Energie:** diese Energie hält atomare und subatomare Partikel zusammen, welche Protonen, Elektronen und Neutronen enthält. Sie verbindet auch verschiedene Atome.

● **Schwache atomare Energie:** diese Energie ist schwach und kann nicht die Atomteilchen binden, denn sie überschreitet nicht die Atomteilchen-Grenze. Sie organisiert die Spaltung und die Auflösung mancher Partikel innerhalb des Atomteilchens. Sie organisiert die Prozedur der Auflösung von aufgeladenen Elementen. Sie strahlt kleine Portionen des Atomteilchens aus. Die Teile tragen negative Strahlung oder sind ohne Strahlung; sie werden Boson genannt.

● **Elektromagnetische Energie:** sie ist die Energie, welche die Nuklearteile innerhalb der Partikel zusammenbindet, was den Elementen ihre natürlichen und chemischen Eigenschaften gibt.

● **Anziehungskraft:** sie ist auf den ersten Blick die schwächste der bekannten Energieformen. Aber es ist diejenige Energie, die alle die Himmelskörper an ihren Plätzen hält und damit besitzt sie eine außerordentliche Wichtigkeit.[14]. Allah (ﷻ) sagt:

❨Und Er ist es, Der die Nacht und den Tag, die Sonne und den Mond

erschaffen hat, alles läuft (Wörtlich: schwimmt) in einer (jeweils eigenen) Umlaufbahn.❭ (Qur´an 21:33)

Allah (﷽) sagt:

❬Und die Sonne läuft zu einem für sie bestimmten Aufenthaltsort. Das ist die Anordnung des Allmächtigen und Allwissenden. Und dem Mond haben Wir das rechte Maß in Himmelspunkten festgesetzt, bis er wieder wie ein alter Dattelrispenstiel wird. Weder ziemt es der Sonne, den Mond einzuholen, noch wird die Nacht dem Tag zuvorkommen; alle laufen (Wörtlich: schwimmen) in einer (jeweils eigenen) Umlaufbahn.❭ (Qur´an 36:38-40)

Die Strudel-Galaxie (alias unordentlichere 51, M51 oder NGC 5194) ist eine wechselwirkende, prächtig konstruierte Spiralgalaxie, die in einem Abstand von ungefähr 23 Million Lichtjahren im Sternbild liegt.

In diesen Ajat stellt der Qur´an fest, dass die Sonne sich in eine bestimmte Richtung bewegt. Früher dachte man, dass sie an einem bestimmten Platz fixiert ist. Jedoch haben die Astronome bestätigt, dass sich die Sonne tatsächlich im All bewegt, und zwar in eine bestimmte Richtung und einem

bestimmten Maß. Mit der Sonne bewegen sich auch alle Planeten und Monde, die sich im Sonnensystem befinden, und alle Sterne des Universums bewegen sich auf eine ähnliche Art. Und es ist ausgeschlossen, dass die Sonne den Mond einholt oder sie sich treffen, weil jeder von beiden sich auf parallelen Bahnen bewegt. Die moderne Wissenschaft hat dies erst im 20. Jahrhundert festgestellt. Allah (ﷻ) sagt:

❲Beim Himmel in seiner Vollkommenheit (Al-Hubuk).❳ (Qur´an 51:7)

Das arabische Wort "Al-Hubuk" besitzt mehr als eine Bedeutung:

• **Al-Hubuk bedeutet:** Die Exaktheit bei der Schöpfung. Die Mindestzahl der Himmelskörper (Galaxien) im bekannten Teil des Universums werden von den Astrologen auf 200 Billionen geschätzt; und die Anzahl der Sterne auf 70 Billionen Trillionen[15]. Diese Himmelskörper sind unterschiedlich in ihren Größen, Volumen, Geschwindigkeiten und Maßen; auch in der Umdrehung um ihre eigene Achse, ihrer Bewegungsgeschwindigkeit in ihren Bahnen und ihrer Entfernung voneinander sind sie verschieden.

• **Al-Hubuk bedeutet:** Die starke Verbundenheit zwischen der unglaublichen Anzahl der Himmelskörper des untersten Himmels (und dies beträgt nicht mehr als 10% des bekannten Teils des Universums). Es muss eine Kraft existieren, welche sie alle samt ihren Sonnensystemen stark verbindet; andernfalls würde alles zusammenbrechen und vergehen. Allah (ﷻ) sagt:

❲Allah hält die Himmel und die Erde, dass sie nicht vergehen. Und wenn sie vergehen würden, so könnte niemand nach Ihm sie halten. Gewiss, Er ist Nachsichtig und Allvergebend.❳ (Qur´an 35:41)

• **Al-Hubuk bedeutet:** Jeder Himmelskörper hat seine bestimmten und begrenzten Laufbahnen. Die zahlreichen Himmelskörper, die an dem für uns sichtbaren Teil des Universums, also dem untersten Himmel, angeordnet sind, sind eines der prächtigsten Dinge, die die Menschen in Erstaunen versetzen. Es gibt bei all diesen vielen Bahnen und unterschiedlichen Positionen nicht den geringsten Zusammenstoß. Dies beweist, dass das Universum über ein perfektes System verfügt; sogar wenn die Sterne sterben und explodieren und ihre Partikel verstreut werden.

Allah (ﷻ) sagt:

❨Er ist es, Der die Sonne zu einer Leuchte und den Mond zu einem Licht gemacht und ihm Himmelspunkte zugemessen hat, damit ihr die Zahl der Jahre und die (Zeit)rechnung wisst. Allah hat dies ja nur in Wahrheit erschaffen. Er legt die Zeichen ausführlich dar für Leute, die Bescheid wissen.❩ (Qur´an 10:5)

Dieser vollkommene Gegensatz zwischen dem leuchtenden, brennenden Körper, der Licht abgibt und dem kalten, dunklen Körper, der das Sonnenlicht reflektiert, wurde im edlen Qur´an schon vor mehr als 1400 Jahren erwähnt! Dies beweist, dass Allah der Schöpfer und der Qur`an Seine Worte sind. Genau diesen Unterschied erkannten die Wissenschaftler erst in den letzen zwei Jahrhunderten. Trotzdem gibt es heutzutage immer noch viele Menschen, die dies nicht einsehen wollen.

Der Qur`an und der Luftdruck

Allah (ﷻ) sagt:

❰Wen Allah rechtleiten will, dem tut Er die Brust auf für den Islam. Und wen Er in die Irre gehen lassen will, dem macht Er die Brust eng und bedrängt, so als ob er in den Himmel hochsteigen sollte.❱ (Qur´an 6:125)

Dieser Vers (Ajah) erklärt, dass das Hochsteigen zum Himmel mit dem Engwerden der Brust und Atemnot verbunden ist, wegen Mangel an Sauerstoff und abnehmendem Luftdruck. Diese Tatsache kann niemand berichten, es sei denn er steigt in das All hinauf. Diese Tatsachen wurden bestätigt, nachdem der Mensch in das Universum aufgestiegen ist und weite Entfernungen zurückgelegt hat. Wenn der Mensch sich mehr als 8 Kilometer über dem Meeresspiegel befindet, begegnet er vielen Problemen, wie zum Beispiel: Atemnot wegen Sauerstoffmangels und Luftdruckminderung.

Diesen Zustand oder diese Krankheit nennen die Spezialisten der Flugmedizin „Hypoxia"; andere Probleme, die durch Verringerung des Luftdrucks entstehen, werden u. a. "Gestörter Luftdruckzustand" genannt[16].

Durch diese beiden Faktoren kann der menschliche Körper seine eigentlichen Funktionen nicht ausführen und beginnt deshalb aus zu schwanken.

Abbildung: Astronauten tragen spezielle Ausrüstung, die es ihnen ermöglicht, in weiten Höhen zu atmen.

Der Qur`an und die Dunkelheit im All

Allah (ﷻ) sagt:

❨Selbst wenn Wir ihnen ein Tor vom Himmel öffneten und sie dauernd dadurch hinaufstiegen, würden sie dennoch sagen: „Unsere Blicke sind verschlossen. Nein! Vielmehr sind wir Leute, die einem Zauber verfallen sind."❩ (Qur´an 15:14-15)

Diese Trefflichkeit ist erstaunlich! Der Quran beschreibt eine universelle Tatsache, die dem Menschen unbekannt war, bevor er Anfang der 60er Jahre das All eroberte. So wurden die ersten Astronauten damit überrascht, dass das Universum an fast allen seinen Enden und Ecken von einer dunklen Hülle überdeckt ist, und dass der

Dies ist eine Abbildung der Sonne während einer Sonnenfinsternis, die beweist, dass das Universum von Dunkelheit umschlungen ist.

Tagesgürtel, also die Hälfte der Erde, die von der Sonne bestrahlt wird, nicht mehr als 200 Kilometer Dicke über dem Meeresspiegel beträgt.

Diese Abbildung zeigt die Dünne des Tagesgürtels auf der Sonnenseite der Erde, der gerade 200km dick ist, wohingegen auf dem Rest der Erde absolute Dunkelheit herrscht.

Wenn der Mensch sich über diese Höhe hinaus begibt, sieht er die Sonne nur als eine blaue Scheibe auf einem ganz dunklen schwarzen Blatt, mit Ausnahme von ein paar Flecken, wo sich die Sterne befinden und ein sehr schwaches Licht ausstrahlen.

Dies ist so, weil die Luft aufgrund der Abnahme ihrer Konzentration beginnt, sich aufzulösen, bis sie verschwindet. Deshalb erscheinen die Sonne und die anderen Himmelsgestirne als blaue Flecken in einem dunklen Meer, weil ihre Strahlungen im Universum kaum etwas finden, das sie auseinanderstreut oder reflektiert. Lob Dem, Der über diese Wahrheit schon vor eintausend und vierhundert Jahren berichtet hat.

Der Qur`an und das Atom

Allah (ﷺ) sagt:

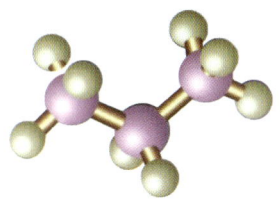

《Und es entgeht deinem Herrn nicht das Gewicht eines Stäubchens, weder auf der Erde noch im Himmel, und nichts Kleineres als dies oder Größeres; (es gibt) nichts, das nicht in einem deutlichen Buch (verzeichnet) wäre.》 (Qur´an 10:61)

In diesem Vers macht uns Allah (ﷺ) klar, dass Seinem Wissen über die Geschöpfe des ganzen Universums nichts verborgen bleibt, auch wenn ihr Volumen oder ihr Gewicht noch so winzig sein mag. Früher glaubte man, dass das Atom im Universum das kleinste Ding an Gewicht und Volumen sei. Später wurden die kleineren Bestandteile des Atoms entdeckt: die Protonen, Elektronen und Neutronen mit ihren unterschiedlichen Ladungen. Im Jahr 1939 ist es den beiden deutschen Wissenschaftlern Hahn und Strassmann an der Berliner Universitat gelungen, ein Uratom zu spalten. Dieser Erfolg zog weitere Forschungen nach sich, bei denen noch weitere Einzelheiten entdeckt wurden.

Jeder wissenschaftliche Fortschritt und alle technischen Entwicklungen, welche die moderne Wissenschaft in jeglichen Bereichen bis jetzt gemacht hat und in der Zukunft bis zum Ende des Diesseits noch erreichen wird, sind im Vergleich zu Allahs Wissen und Seiner Allmacht NICHTS! Allah (ﷺ) sagt: **《Sie fragen dich nach dem Geist. Sag: Der Geist ist vom Befehl meines Herren** (d.h.: das Wissen darüber gehört zu den Angelegenheiten meines Herrn)**, euch aber ist vom Wissen gewiss nur wenig gegeben.》** (Qur´an 17:85)

Denn das Wissen Allahs und Seine Macht haben kein Ende und keine Grenzen. Also nennt Allah uns dieses Beispiel, damit unser schwacher Verstand unsere Minderwertigkeit gegenüber Allah und Seinem Wissen begreifen kann. Segenreich ist Allah, Der beste Schöpfer.

Der Qur`an und die Entwicklung des menschlichen Embryos

Allah (ﷻ) spricht über die Stadien der menschlichen Embryonalentwicklung:

❰Wir schufen den Menschen ja aus einem Auszug aus Lehm. Hierauf machten Wir ihn zu einem Samentropfen in einem festen Aufenthaltsort. Hierauf schufen Wir den Samentropfen zu einem Anhängsel (Arabisch: álaqa; d.h. auch: „Gerinnsel"), dann schufen Wir das Anhängsel zu einem Klumpen (Arabisch: mudġa; wörtlich: „Bissen"), dann schufen Wir den kleinen Klumpen zu Knochen, dann bekleideten Wir die Knochen mit Fleisch. Hierauf ließen Wir ihn als eine weitere Schöpfung entstehen. Segenreich ist Allah, der beste Schöpfer.❱ (Qur´an 23:12-14)

Der Anfang der menschlichen Entwicklung

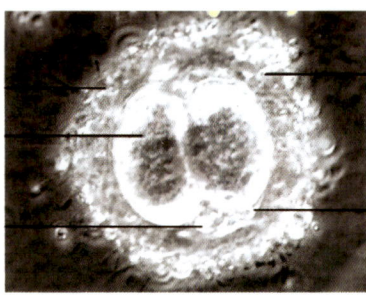

(zusammengesetzt ows fouikelzellen)

Blastomer

Polarkörper (funktionslose zelle)

degeneriertes Spermium

Zona pellucida

Die Entwicklungsphasen der Schöpfung des Menschen laut Qur´an:

● **Die erste Phase:** Lehm-Phase. Dies ist der eigentliche Bestandteil, woraus Ādam (ﷺ), der Vater der Menschheit, erschaffen wurde. Dieser Vers ist eine Entkräftung der Evolutionstheorie. Allah (ﷻ) erklärt den Menschen als unabhängiges Geschöpf; und kein Geschöpf, das sich aus anderen Geschöpfen entwickelt hat.

● **Die zweite Phase:** Gemisch-Phase. Dies ist das Ergebnis der Mischung des männlichen Samens mit der Gebärmutterflüssigkeit der Frau. Dadurch wird die Eizelle entweder befruchtet, oder sie stirbt durch Allahs Willen ab. Wenn die Eizelle befruchtet wird, beginnt die erste Phase der Schöpfung.

Allah (ﷻ) sagt:

《Wir haben den Menschen ja aus einem Samentropfen, einem Gemisch erschaffen, (um) ihn zu prüfen. Und so haben Wir ihn mit Gehör und Augenlicht versehen.》 (Qur´an 76:2)

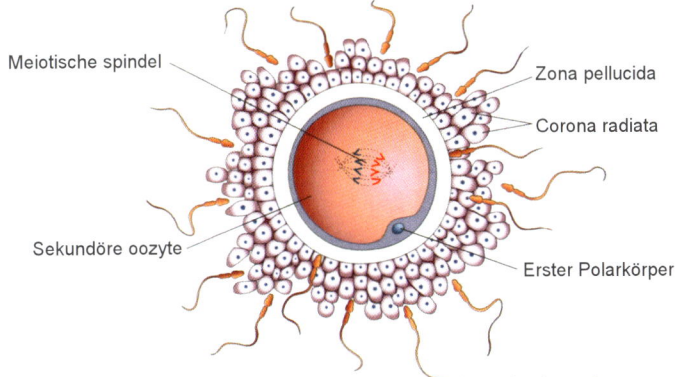

Meiotische spindel — Zona pellucida — Corona radiata — Sekundöre oozyte — Erster Polarkörper

Diagramme veranschaulichen die Befruchtung. Der Prozess der Befruchtung beginnt, wenn das Sperma mit der Plasma-Membran der Sekundär-Oocyte in Kontakt kommt und endet mit der Vereinigung von mütterlichen und väterlichen Chromosomen in der Metaphase der ersten mitotischen Teilung der Zygote.
Die Sekundär-Oocyte ist umgeben von mehreren Spermien, von welchen 2 die Corona radiata durchdrungen haben.

Dieses Gemisch aus Samen und Eizelle fällt entweder, durch die Vorbestimmung Allahs, aus der Gebärmutter hinaus und wird weggetrieben, oder es bleibt an der Gebärmutterwand hängen und geht in die Anhängsel (arabisch: álaqa; d.h. auch: „Gerinnsel") Phase über. Es wird an der Gebärmutterwand befestigt und beginnt sich zu ernähren. Allah (ﷻ) sagt:

《O ihr Menschen, wenn ihr über die Auferweckung im Zweifel seid, so haben Wir euch aus Erde erschaffen, hierauf aus einem Sammentropfen, hierauf aus einem Anhängsel (Arabisch: alaqa, d.h. auch: «Gerinnsel», damit ist ein Entwicklungsstadium des Embryos gemeint), hierauf aus einem kleinen Klumpen, gestaltet und ungestaltet, um (es) euch klarzumachen. Und Wir lassen, was Wir wollen, im Mutterleib auf eine festgesetzte Frist untergebracht. Danach lassen Wir euch als kleine Kinder hervorkommen. Hierauf (lassen Wir euch heranwachsen), damit ihr eure Vollreife erlangt. Und mancher von euch wird (frühzeitig) abberufen, und manch einer von euch wird in das niedrigste (Greisen)alter gebracht, so dass er nach (dem vorherigen) Wissen nichts (mehr) weiss. Und du siehst die Erde regungslos, doch wenn Wir Wasser auf sie herabkommen lassen, regt sie sich, schwillt und lässt von jeder entzückenden (Pflanzen)art wachsen.》 (Qur´an 22:5)

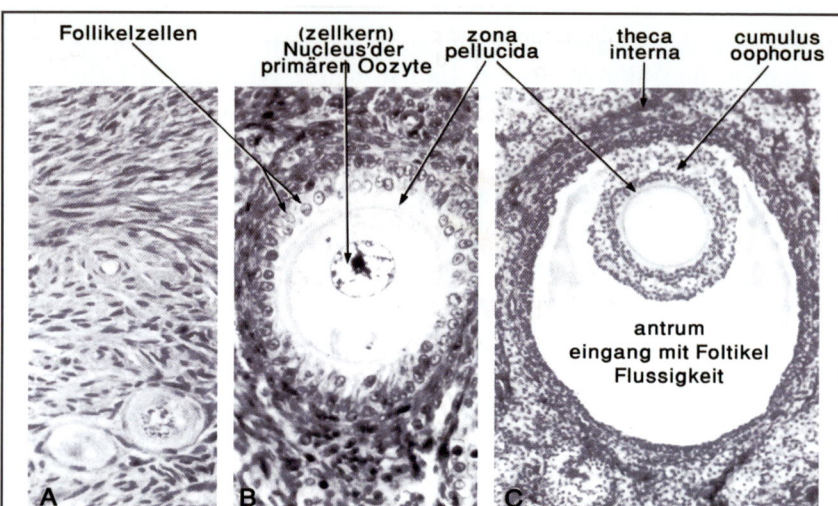

Follikelzellen (zellkern) Nucleus'der Aor primaren oozyte

● **Die dritte Phase:** das Anhängsel (arabisch: álaqa; d.h. auch: „Blutegel").
Der Embryo hängt in dieser Phase an der Gebärmutterwand und ernährt
sich vom Blut der Mutter; ähnlich wie der Blutegel, der sich auch vom Blut
der Geschöpfe ernährt.

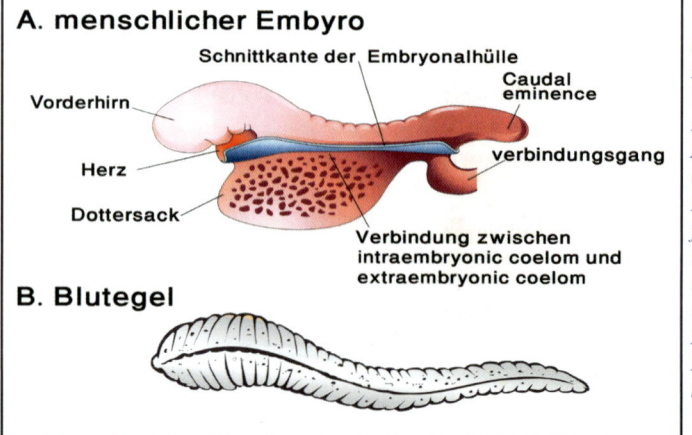

Seitenansicht eines Embryos (24-25 Tage). Die Abbildung zeigt die äußere Ähnlichkeit zwischen dem menschlichen Embryo in dem sehr frühen Stadium (Alaqah-Stadium) und einem Blutegel. (Entnommen aus: Dr. Keith Moore, The Developing Human, Seite 71)

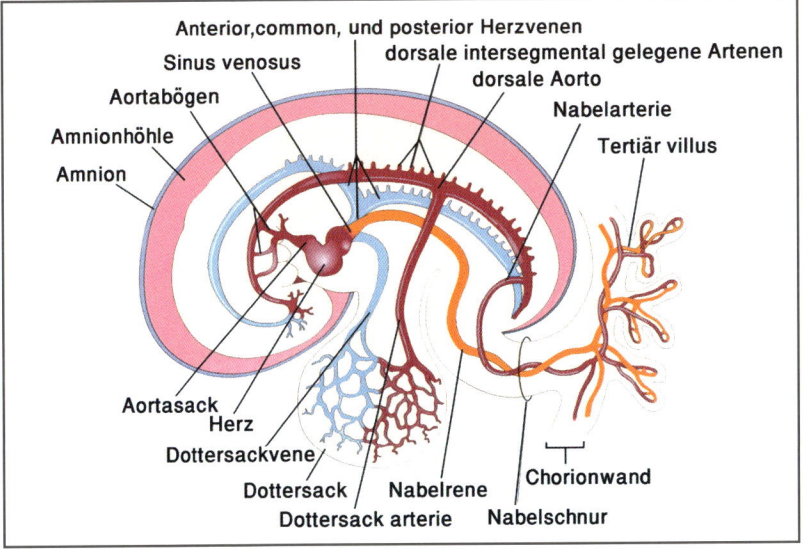

Diagramm des Herzgefäß-Systems eines circa 21 Tage alten Embryos, von der linken Seite gezeigt. Beobachtung des Übergangstadiums der verbundenen symmetrischen Gefäße.
(Keith Moore) Jede Herzkammer mündet dorsal in eine dorsale Aorta, die kaudal verläuft. Das äußere Aussehen des Embryos seine Säcke ähnelt einem Blutgerinnsel, weil verhältnismäßig große Mengen von Blut im Embryo vorhanden sind.

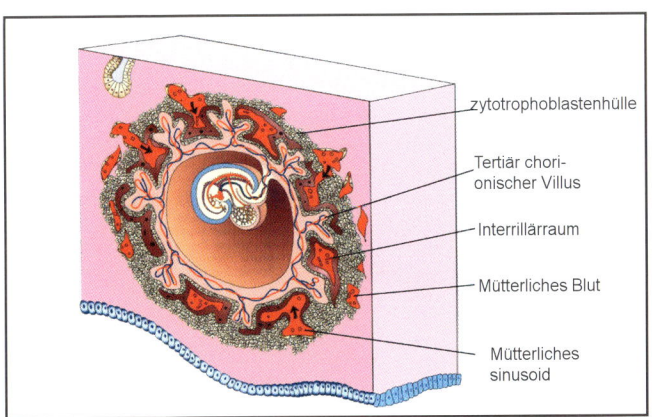

Sektion eines Embryos (ca. 21 Tage) Die Abbildung zeigt die Aufhängung des Embryos im Alaqah-Stadium in der Gebärmutter.

- **Die vierte Phase:** Bissen (Mudġa) (arabisch: mudġa; wörtlich: „gekaute Substanz"). Er wird in dieser Phase so genannt, weil der Embryo einer gekauten Substanz ähnelt.

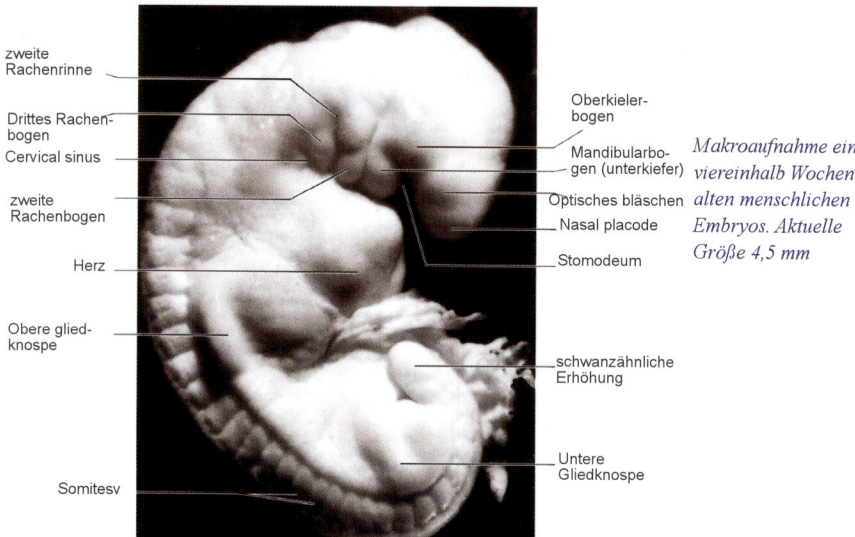

zweite Rachenrinne

Drittes Rachenbogen
Cervical sinus

zweite Rachenbogen

Herz

Obere gliedknospe

Somitesv

Oberkielerbogen

Mandibularbogen (unterkiefer)

Optisches bläschen

Nasal placode

Stomodeum

schwanzähnliche Erhöhung

Untere Gliedknospe

Makroaufnahme eine. viereinhalb Wochen alten menschlichen Embryos. Aktuelle Größe 4,5 mm

Der Embryo gleicht in diesem Status dem Aussehen einer gekauten Substanz, weil die Körperwandorgane am Rücken eines Embryos den Zahnabdrücken an einer gekauten Substanz ähneln.

Gummi

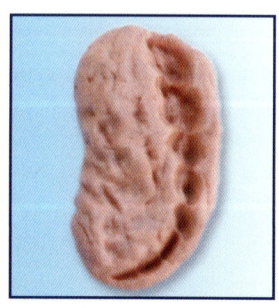

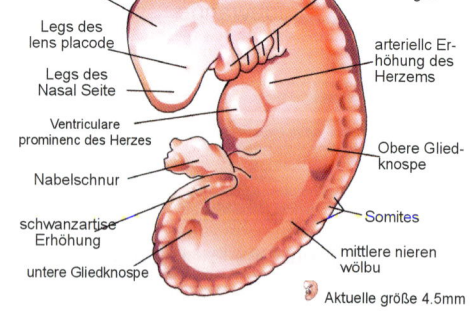

Lage des mittelhirns

Legs des lens placode

Legs des Nasal Seite

Ventriculare prominenc des Herzes

Nabelschnur

schwanzartise Erhöhung

untere Gliedknospe

Erster, zweites, dnttes und viertes Rachenbogen

arteriellc Erhöhung des Herzems

Obere Gliedknospe

Somites

mittlere nieren wölbu

Aktuelle größe 4.5mm

Abbildung: Es gibt Ähnlichkeiten zwischen einem gekauten Kaugummi und dem Bild eines Embryos. Wie kann es möglich sein, dass ein Analphabet solch genaue Details über den Embryo gibt? Es ist sicherlich nichts anderes als eine Offenbarung Gottes.

- **Die fünfte Phase:** Aufbau der Knochen.
- **Die sechste Phase:** Bekleidung der Knochen mit Fleisch.
- **Die siebte und letzte Phase:** eine weitere Schöpfung entsteht, die neu gestaltet ist und der Geist wird in sie eingehaucht.

Die Entwicklung des menschlichen Embryos durchläuft mehrere Schöpfungsphasen, in dreifacher Finsternis, wie unser Herr (ﷻ) uns berichtet:

❮**Er erschafft euch in den Leiben eurer Mütter, eine Schöpfung nach der anderen in dreifacher Finsternis.**❯ (Qur´an 39:6)

Das Wunder des Qur`ans in diesem Vers ist, dass er darüber spricht, dass der Embryo von drei Hüllen umgeben ist, welche als Finsternisse bezeichnet werden; so dicht, dass weder Wasser, Luft, Licht noch Wärme durchdringen können. Diese Hüllen können nur durch eine exakte Sektion gesehen werden, denn mit dem bloßen Auge erscheint es einem als eine einzige Schicht. **Professor Maurice Bucaille[17]** sagt:

«Die dreifachen Finsternisse sind die Scheidewände, die den Embryo von der Außenwelt trennen. Denn der Embryo lebt innerhalb der Fruchtblase, welche sich innerhalb der Gebärmutter befindet und diese

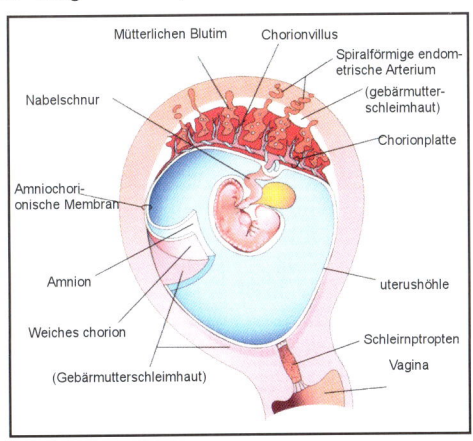

Zeichnung eines pfeilförmigen Abschnitts einer gravid Gebärmutter bei 4 Wochen die Relation der fötalen Membranen und zu den Deciduas und zum Embryo miteinander zeigend.

sich wiederum im weiblichen Bauch. Darauf sind die dreifachen Finsternisse so zu interpretieren: eine Finsternis der Fruchtblase, eine Finsternis der Gebärmutter und eine Finsternis der Bauchwand. Somit befindet sich der Embryo an einem sicheren Ort[18].» Allah (ﷻ) sagt:

❮**Haben Wir euch nicht aus verächtlichem Wasser erschaffen, das Wir dann in einem festen Aufenthaltsort (D.h.: im Mutterleib) haben sein lassen, bis zu einem bekannten Zeitpunkt? So haben Wir bemessen. Welch trefflicher Bemesser sind Wir?**❯ (Qur´an 77:20-23)

Professor Keith Moore[19], einer der berühmtesten Wissenschaftler der Welt der Embryologie und Präsident der Abteilung für Anatomie und Embryologie an der Universität Toronto in Kanada sagt in seinem Buch "The Developing Human":

"Als ich alle Entwicklungsabschnitte des Embryos im Bauch der Mutter, welche mit modernsten Geräten aufgenommen wurden, prüfte, zeigte sich eine totale Übereinstimmung mit dem, was der Qur´an über die Erschaffungsphasen der Knochen, Fleisch usw. berichtet." Als er gefragt wurde, ob es möglich sein könnte, dass der Gesandte des Islam diese Einzelheiten über den Embryo kannte, sagte er: „Ausgeschlossen; damals wusste die ganze Welt nicht, dass der Embryo verschiedene Entwicklungsphasen durchgeht. Die Wissenschaft konnte diese Entwicklungsphasen bis heute nicht benennen und hat stattdessen jede Phase einer Nummer zugeordnet.

Und der Qur´an kam mit bestimmten exakten und einfachen Namen, was für mich klare Beweise dafür sind, dass diese Beschreibungen dem Propheten Muhammad von Allah (ﷺ) offenbart wurden."

Die Beschreibungen im Qur`an, bezüglich des Aussehens eines Embryos, sind alles Stadien, in welchen der Embryo noch zu klein ist, um ihn mit dem bloßen Auge erkennen zu können. Folglich würde man also ein Mikroskop benötigen, um ihn erkennen zu können. Diese Vorrichtungen gibt es jedoch erst seit knapp über zweihundert Jahren. **Dr. Moore** bemerkte spöttisch: "Möglicherweise hatte jemand vor vierzehn Jahrhunderten im Geheimen ein Mikroskop und stellte all diese Forschungen an, ohne irgendeinen Fehler darin zu machen. Dann, wie auch immer, unterrichtete er Muhammad über seine Forschungen und überredete ihn, diese in sein Buch aufzunehmen. Danach zerstörte er seine Erfindung und behielt es für sich, als ewiges Geheimnis. Würden sie das glauben? Sie sollten es wirklich nicht glauben, es sein denn, Sie haben Beweise dafür, denn es ist eine lächerliche Theorie."

Als er gefragt wurde: "Wie erklären Sie diese Informationen im Qur`an?"

War die Antwort von **Dr. Moore**: "Es kann nur eine göttliche Offenbarung sein!"

Dr. Gerald C. Goeringer[20] sagte:

"Die meisten, wenn nicht alle, Beschreibungen der verschiedenen Stadien des menschlichen Embryos und der fetalen Entwicklung sind den Aufzeichnungen der üblichen wissenschaftlichen Literatur um vieles Jahrhunderte voraus."

Erwähnungen der Meere im Qur´an

Der Qur`an und die Barriere zwischen den Meeren (Trennungszone)

Allah (ﷻ) sagt:

《Und Er ist es, Der beiden Meeren freien Lauf lässt: Das eine ist süß und erfrischend, das andere salzig und (auf der Zunge) brennend. Und Er hat zwischen ihnen beiden ein trennendes Hindernis und eine verwehrte Absperrung errichtet.》 (Qur´an 25:53)

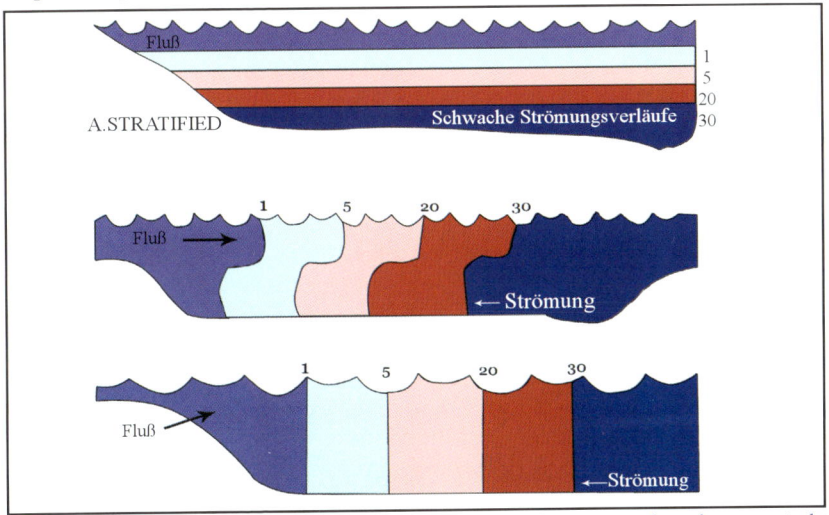

Küstenwasser besteht aus 3 Haupt-Salzgehalten: geschichtet; teilweise gemischt und ganz gemischt.

Die Wissenschaftler der Meeresgeologie haben erst vor kurzem erkannt, dass sich die Wasser der Meere tatsächlich nicht mischen (Ozeanographie). Der Grund hierfür ist eine physikalische Kraft, die man „Oberflächenspannung" nennt[21]. Hierbei verhindert die Dichte des Wassers, dass sich diese mischen, als wenn sich eine dünne Wand zwischen ihnen befinden würde. Das süße Wasser der Flüsse, welches in die Meere fließt, beeinflusst das Meereswasser nicht und kann den Salzgehalt nicht ändern; und auch das Meereswasser beeinflusst mit seinen großen Mengen das Flusswasser nicht und ändert auch seine Süße nicht. Zum Beispiel das Wasser des Amazonas, welches in den Atlantischen Ozean fließt, behält auch nach 200 Metern im Ozean seine Eigenschaften und Süße.

Was der Qur`an über die Finsternisse in der Tiefe der Meere berichtet:

Allah (ﷻ) sagt:

《Oder (sie (D.h.: die Werke der Ungläubigen) sind) wie Finsternisse in einem abgrundtiefen Meer, das von Wogen überdeckt ist, über denen (nochmals) Wogen sind, über denen (wiederum) Wolken sind: Finsternisse, eine über der anderen. Wenn er seine Hand ausstreckt, kann er sie kaum sehen. Und wem Allah Licht schafft, für den gibt es kein Licht.》 (Qur´an 24:40)

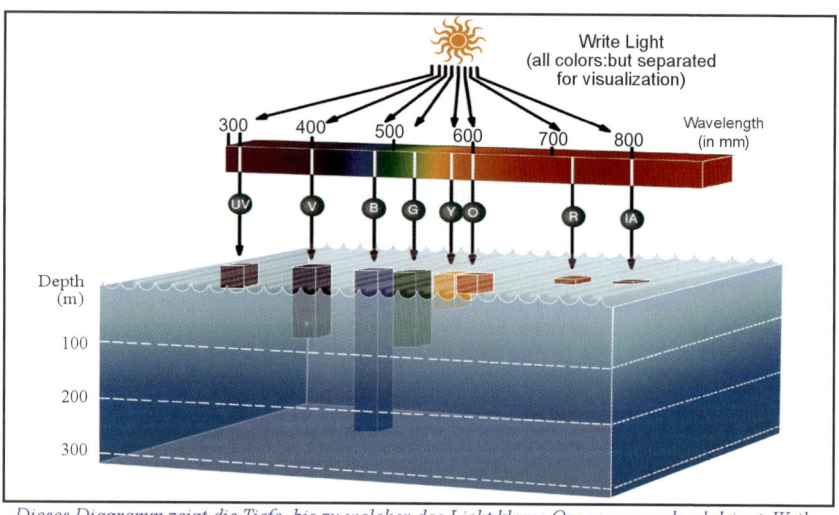

Dieses Diagramm zeigt die Tiefe, bis zu welcher das Licht klares Ozeanwasser durchdringt. Weil rotes Licht stark absorbiert wird, hat es die oberflächlichste Durchdringungstiefe; blaues Licht hat die tiefste Durchdringungstiefe. (Angewandte Optik,Vol.20 (177) Smith, R.C. und K.S. Baker. 1981) Siehe auch offizielle NASA Webseite.

Es ist wissenschaftlich bewiesen, dass die Tiefen der Ozeane und Meere in einem düsteren und finsteren Zustand sind, weil die Sonnenstrahlung sehr schwer in die Tiefe eindringen kann. So liegt die Tiefe der Ozeane zwischen mehreren hundert Metern bis zu 11034 Meter. Die Finsternis in den Ozeanen und Meeren beginnt bei 200 Metern, wobei das Licht fast nicht mehr zu sehen ist.

Aber bei einer Tiefe von 1000 Metern erlischt das Licht total. Denn die Ozongrenze in der Gashülle der Erde reflektiert die meisten ultravioletten Wellen außerhalb des Umkreises der Erde, wobei die Wolken ca. 30% reflektieren und 19% vom Rest der Sonnenstrahlung aufsaugen. Somit erreicht die Oberfläche der Meere und Ozeane nicht mehr als 51% der Sonnenstrahlung. Dann reflektieren die oberen Wellen ca. 5% und konsumieren 35% der Infrarot-Strahlung, um das Wasser zu verdampfen und um die Licht-Assimilation mancher Meerespflanzen zu gewährleisten.

Und wenn der Rest der Sonnenstrahlung durch die Wassermassen dringt, unterliegt sie mehreren Brechungen und Auflösungen. Alle sieben Farben des Lichtspektrums werden nacheinander in den ersten 200 Metern absorbiert, außer dem blauen Licht.[22]

Deshalb werden die meisten Sonnenstrahlen bei einer Tiefe von ca. 100 Metern in den Ozeanen und Meeren assimiliert. Dieser Bereich der Gewässer ist als der „Leuchtende Bereich" bekannt. Nur 1% der Sonnenstrahlung ist in einer Tiefe von 150 Metern sichtbar. Nur 0.01% ist in einer Tiefe von 200 Metern sichtbar, wenn das Wasser klar und frei von Wasserpflanzen ist.

Dieser geringe Teil der Sonnenstrahlung verschwindet in einer Tiefe von 1000 Metern unter dem Meeresspiegel (NN) total, nachdem er gebrochen, aufgelöst und absorbiert wird.

Der Qur`an über die Innere Wellen:

Kürzlich haben Wissenschaftler innere Wellen entdeckt, die zwischen zwei Wasserschichten unterschiedlicher Dichte zustande kommen[23].
Diese Innere Wellen bedecken die tiefen Wasser von Meeren und Ozeanen, denn das Wasser in der Tiefe besitzt eine höhere Dichte als das Wasser darüber. Innere Wellen verhalten sich wie Oberflächenwellen. Sie können auch brechen, genau wie die Oberflächenwellen. Das menschliche Auge kann Innere Wellen nicht erkennen, aber sie können durch Studien der Temperatur- oder Salzgehaltänderungen an einem bestimmten Ort entdeckt werden.

Der Gesandte Allahs (ﷺ) lebte in einer Wüstenlandschaft, sehr weit von den Meeren. Und es kam nie vor, dass er (ﷺ) über Ozeane und Meere gereist ist.

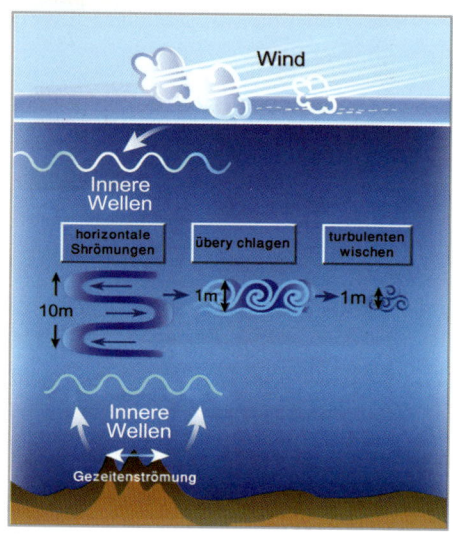

Innere Wellen und Ausmaß der Vermischung der Meere. (Oceanography, Chris Garrett. Siehe: http://www.nature.com/nature/journal/v422/n6931/full/422477a.html)

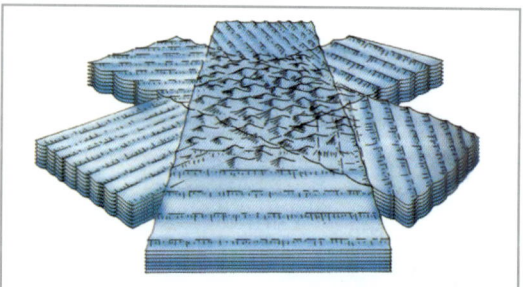

Innere Wellen an der Grenzfläche zwischen zwei Lagen von Wasser unterschiedlicher Dichte. Eine hat eine höhere Dichte (die Untere), und eine hat eine niedrigere Dichte (die Obere). (Oceanography [Ozeanographie], Gross, S.204.)

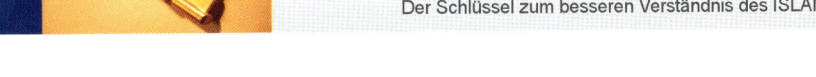

Der Schlüssel zum besseren Verständnis des ISLAM

Wenn der Qur´an nun solche genaue Informationen über diese Tatsachen enthält, ist es Beweis genug, dass dies Allahs Worte sind.

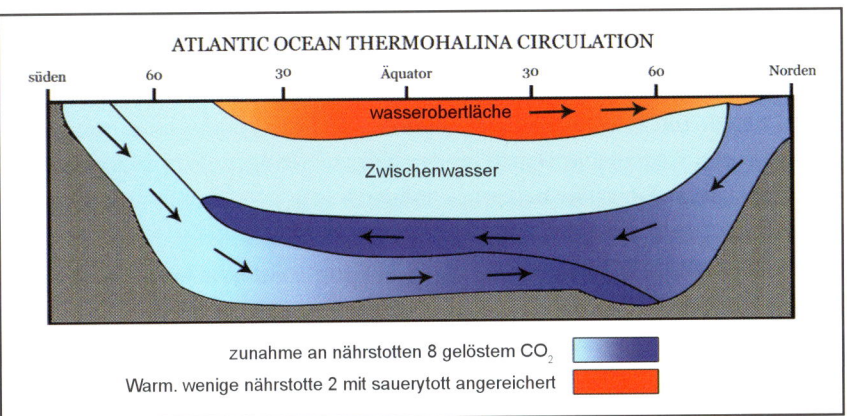

Die Hauptwassermassen im tiefen Ozean werden durch ihre Temperatur und ihren Salzgehalt unterschieden. Diese Eigenschaften stellen ihre relativen Dichten fest, die abwechselnd tiefe thermohaline Zirkulationen der Ozeane antreiben. NATW= Nordatlantisches Tiefwasser. AAGW= Antarktisches Grundwasser

Der Qur`an und die Rolle der Winde bei der Bildung der Wolken und des strömenden Regens

Allah (ﷻ) sagt:

《Und Er ist es, Der die Winde als Frohboten (Verbreiter) Seiner Barmherzigkeit (voraus)sendet, bis dass, wenn sie dann schwere Wolken herbeitragen, Wir sie zu einem toten Land treiben, dadurch Wasser hinabsenken und dann dadurch alle Früchte hervorbringen. Ebenso bringen Wir (dereinst) die Toten hervor, auf dass ihr bedenken möget!》 (Qur´an 7:57)

Und Allah (ﷻ) sagt:

《Und Wir senden die Winde zur Befruchtung. Und Wir lassen dann vom Himmel Wasser hinabkommen und geben es euch zu trinken, doch ihr könnt es nicht (alles davon) als Vorrat lagern.》 (Qur´an 15:22)

Durch die moderne Wissenschaft wurde bewiesen, dass die Befruchtung vieler Pflanzen vom Wind abhängt, weil er die Samen mit sich trägt. Und er trägt auch zur Entstehung der Wolken bei. Die moderne Wissenschaft bestätigte, dass die Wolken, der Regen und die Winde miteinander verbunden sind. Früher dachte man, dass der Regen direkt vom Himmel hinab kommt. Jedoch stellte die moderne Wissenschaft fest, dass der Wind die Wolken beeinflusst. Denn er hebt die Dämpfe aus den Meeren und Ozeanen empor, trägt zur Ansammlung der Wolken bei und versorgt diese Wolken mit dem Wasserdampf. Außerdem versorgt der Wind die Wolken mit sehr kleinen reichen Mineralien (die nur mit Hilfe von Mikroskopen gesehen werden können). Diese nennen sich

Abbildung: Ein erstaunliches Bild der Erde vom Weltraum aus.

"Kondensierungskörner" und werden vom Wind mitgetragen. Allah (ﷻ) sagt:

《Allah ist es, Der die Winde sendet, und da wühlen sie die Wolken auf. Dann breitet Er sie im Himmel aus, wie Er will, und macht sie zu Stücken. Da siehst du den (Platz)regen dazwischen herauskommen. Wenn er damit von Seinen Dienern, wen Er will, trifft, freuen sie sich sogleich.》 (Qur´an 30:48)

Die moderne Wissenschaft bestätigt auch die verschiedenen Phasen zur Entstehung der Wolken, die im Qur´an erwähnt sind [24].

Denn die Winde sind es, welche den Wasserdampf, der reich an Mineralien von den Meeren und Ozeanen ist, mit sich in die hohen Schichten tragen. Dies sind die Kondensierungskörner, welche der Wasserdampf umschließt, woraufhin sie dann wie Tropfen aussehen. Da diese Wassertropfen in diesen Wolken sehr klein sind, zwischen 0,01 und 0,02 mm, schweben die Wolken in der Luft und verstreuen sich am Himmel - dann ist der Himmel bewölkt.

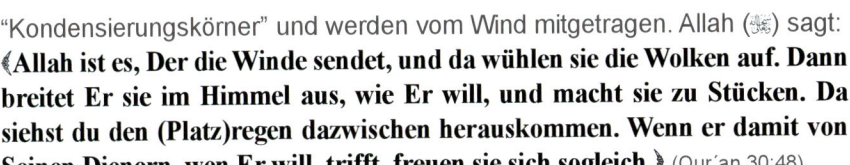

Eine Gewitterwolke. Dieses Bild wurde vom NASA Satelliten aufgenommen. Es ist so, als ob eine unsichtbare Hand die Haufenwolken zur Konvergenzzone treibt.

Diese verbreiten sich im Himmel und bilden die Wolken. Die Wasserpartikel, die die Salzkristalle und die Staubkörnchen umhüllen, werden dicker und formen Regentropfen, die widerum immer schwerer werden. Wenn die Wassertropfen schwerer als die Luft sind, verlassen sie die Wolken in Form von Regen. Allah (🕌) sagt:

《Siehst du nicht, dass Allah die Wolken sanft bewegt, sie hierauf zusammenfügt und hierauf zu einem Haufen macht? Dann siehst du den (Platz)regen (Auch: den Blitz) dazwischen herauskommen. Und Er sendet vom Himmel (Wolken)berge herab, mit Hagel darin, dann trifft Er damit, wen Er will, und wendet ihn ab, von wem Er will. Das Aufleuchten Seines Blitzes nimmt (D.h.: raubt) beinahe das Augenlicht.》 (Qur´an 24:43)

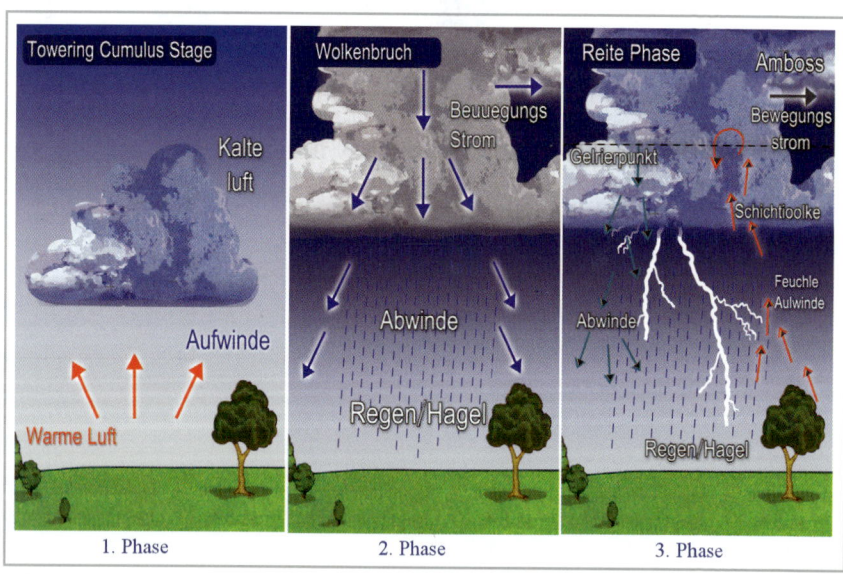

Hier geht es um eine andere Entstehungsphase der Regenwolken, welche als Wolkenaufschichtung bekannt ist. Regenwolken erhalten ihre Form und Gestalt nach bestimmten Systemen und Stadien. Die Stadien der Formung von Gewitterwolken -a-Typ Regenwolke - sind:

1. Phase: Zusammentreiben: Die Wolken werden vom Wind zusammen-getrieben.

2. Phase: Vereinigung: Dann formen die kleinen Wolken, die der Wind zusammengetrieben hat, eine größere Wolke.

3. Phase: Wenn sich die kleinen Wolken sammeln und übereinander schichten, verursachen Aufwinde, dass die größere Wolke von innen her

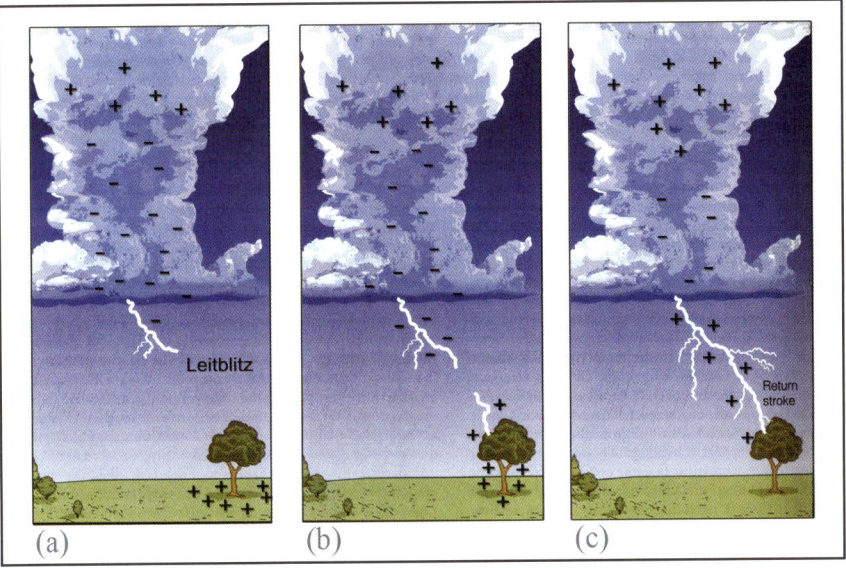

(a)   (b)   (c)

Beispiel für zickzackförmigen Blitz. (a) Die an der Wolkenbasis konzentrierte negative Ladung vermehrt sich so sehr, dass der Luftwiderstand bezwungen wird. Die negativen Ladungsträger verlassen die Wolke in Form des sogenannten Leitblitzes (engl. Leader) gerichtet auf die Erdoberfläche. (b) von der Erdoberfläche aufsteigende positive Ladungen konzentrieren sich an erhöhten Stellen. (c) Wenn sich die absteigenden negativen Ladungen aus der Wolke mit den aufsteigenden positiven Ladungen treffen, fließt der Strom von Plus nach Minus, also z. B. vom Erdboden zur Wolke: das ist der «return stroke», den wir als Blitz sehen.

wächst. Diese Aufwinde sind in der Nähe des Zentrums der Wolke stärker als an ihren Enden. Durch diese Aufwinde wächst der Wolkenkörper vertikal an und schichtet sich auf.

Allah sagt:

《Und der Donner lobpreist Ihn und (desgleichen) die Engel aus Furcht vor Ihm. Und Er sendet die Donnerschläge und trifft damit, wen er will. Dabei streiten sie über Allah, wo Er doch stark im Streiten ist.》 (Qur´an 13:13)

Der Qur`an und die Vierbeiner

Allah (ﷻ) sagt:

❰Gewiss, auch im Vieh habt ihr wahrlich eine Lehre. Wir geben euch von dem, was in ihren Leibern zwischen Kot und Blut ist, zu trinken, reine Milch, angenehm für diejenigen, die (sie) trinken.❱ (Qur´an 16:66)

Professor Maurice Bucaille sagt über diesen Vers: „Um die Bedeutung dieses Verses aus dem wissenschaftlichen Blickwinkel zu verstehen, müssen Informationen über die Funktionen der Glieder als Beihilfe gegeben werden: die Grundbestandteile, die den Körper im Allgemeinen versorgen, entstehen bei chemischen Prozessen, die im Verdauungstrakt stattfinden. Diese Substanzen kommen aus dem Darminhalt.

Wenn sie im Darm die geeignete Phase für den chemischen Prozess erreicht haben, wandern sie durch die Darmwand in Richtung des Kreislaufs. Dieser Übergang geschieht auf zwei Arten: entweder direkt über die Lymphgefäße oder indirekt über den portalen Kreislauf. Diese führen sie (Substanzen) zuerst in die Leber, wo sie manchen Änderungen unterliegen. Und von hier aus sind sie dann fähig, in den Blutkreislauf überzugehen und werden in den Blutfluss aufgenommen.

Die Grundbestandteile der Milch werden über die Milchdrüsen abgesondert. Die Drüsen ernähren sich (wenn man so sagen kann) von den Produkten der Nahrungsverdauung, welche über den Blutfluss zu ihnen gelangen. Blut spielt deshalb die Rolle als Sammler und Transporteur von dem, was aus der Nahrung gewonnen wird. Es versorgt also die Milchdrüsen, mit Nahrung, genauso wie es andere Organe versorgt.

Dieser sehr präzise Vorgangsplan ist das Ergebnis, zu welchem die Wissenschaftler im chemischen und physiologischen Bereich des Verdauungssystems kamen. In der Zeit des Propheten Muhammad (ﷺ) war all dies völlig unbekannt und wurde erst in neuester Zeit herausgefunden und verstanden. Ich bin der Auffassung, dass die im Qur´an existierenden Verse bezüglich dieser Vorgänge, keine menschlichen Aussagen sein können, welche zu jener Zeit gemacht wurden.[26]"

Der Qur`an und die Berge

Allah (ﷻ) sagt:

❮Haben Wir nicht die Erde zu einer Lagerstatt gemacht und die Berge zu Pfählen?❯ (Qur´an 78:6-7)

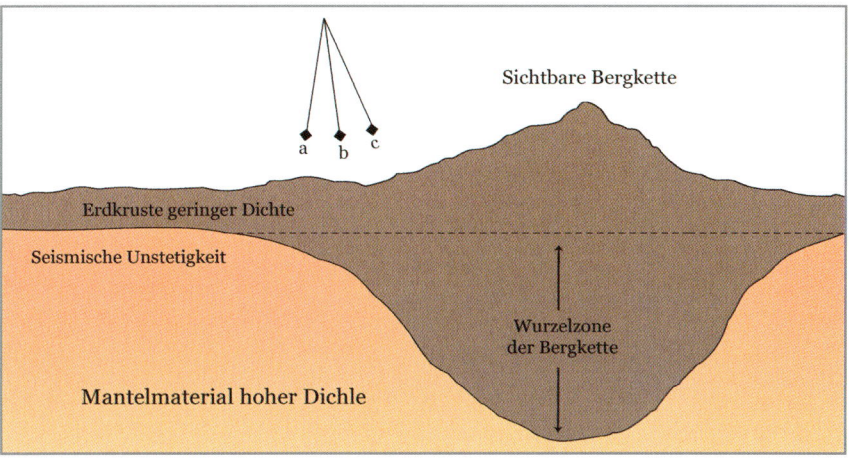

Gebirgsmassen lenken ein Pendel von der Vertikale ab, aber nicht so sehr, wie es vielleicht zu erwarten war. In dem Diagramm wird die vertikale Position mit (a) gezeigt: wenn der Berg einfach eine Last wäre, die auf einer konstanten Kruste stillsteht, sollte er zu (c) umgelenkt werden. Jedoch, weil er eine tiefe Wurzel in der verhältnismäßig nicht-dichten Felsen hat, ist die beobachtete Umlenkung nur zu (b). (Building Planet Earth, Cattermole)

Die Wissenschaftler erklären die Rolle, welche die Berge zur Erhaltung des Gleichgewichts auf der Erde spielen folgendermaßen: "Berge haben unterirdische Wurzeln. Diese Wurzeln sind tief im Boden eingebettet, folglich haben sie die Form eines Pflocks. Mit dem Seismograph (Messgerät) wurde herausgefunden, dass die Erdkruste 30 bis 60 Kilometer tief ist. Mit Hilfe dieses Messgeräts gelangte man zu dem Wissen, dass jeder Berg eine tiefliegende Wurzel hat, welche die Erdkruste mit ihren tiefliegenden Schichten stabilisiert und die Erde vor dem Wanken schützt. Deshalb ähneln Berge einem Nagel, der verschiedene Holzstücke zusammenhält"[27].

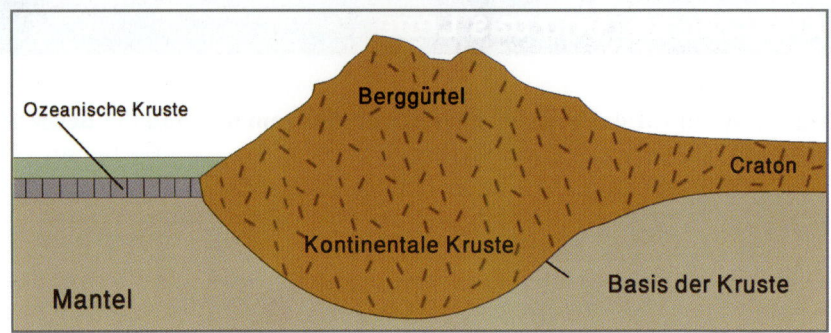

Ozeanische Kruste

Berggürtel

Craton

Kontinentale Kruste

Basis der Kruste

Mantel

Abbildung: Ein Bild, welches die Wurzeln eines Berges zeigt. Einige dieser Wurzeln reichen bis zu 60 Kilometer in die Tiefe der Erde.

Allah (ﷻ) sagt:

❰Und Er hat der Erde festgegründete Berge gesetzt, dass sie nicht mit euch wanke, und Flüsse und Wege (geschaffen) - auf dass ihr rechtgeleitet werden möget…❱ (Qur´an 16:15)

Die moderne Wissenschaft bezeugt, dass die Berge in einer wunderbaren Form auf der Erde verteilt sind, um das Gleichgewicht der Erde zu halten. Besonders die Berge, welche von den Geologen als „Die krummen Bergreihen" bezeichnet werden und auf jedem Kontinent zu finden sind[28]. Wie kann ein Analphabet, wie der Gesandte Allahs (ﷺ), dessen Volk auch überwiegend aus Analphabeten bestand, diese Wahrheit gekannt haben?

Das Wasser und das Leben

Allah (ﷻ) sagt:

《Sehen denn diejenigen, die ungläubig sind, nicht, dass die Himmel und die Erde eine zusammenhängende Masse waren? Da haben Wir sie getrennt und aus dem Wasser alles Lebendige gemacht. Wollen sie den nicht glauben?》 (Qur´an 21:30)

Die moderne Wissenschaft bestätigte, dass Wasser der Grundbestandteil einer lebendigen Zelle ist. Die chemische Wissenschaft hat in ihren modernen Forschungen bewiesen, dass Wasser das notwendige, aktive

Hauptelement aller im Körper stattfindenden Umwandlungen und Prozeduren ist. Es ist entweder ein Vermittler, ein Hilfselement oder ein Bestandteil dieser Prozeduren. Deshalb ist dies die einzige Flüssigkeit, worauf weder der Mensch noch ein anderes Lebewesen verzichten kann.

Der Anteil der Erde, welcher heutzutage von Wasser bedeckt ist, beträgt ungefähr 71% und die übrig bleibenden 29% der Erde sind die Kontinente.

Der Hauptbestandteil des menschlichen und tierischen Körpers ist Wasser, genauso wie bei den Pflanzen. Wie bereits von Forschern bewiesen wurde, weist der Körper eines 15-jährigen und älteren Menschen ungefähr 71% Wasser auf, während der Körper eines Kindes 93% Wasser enthält. Dies deutet darauf hin, dass 80% Wasser durch den menschlichen Körper fließt und der Rest ist Blut und um die 90% Wasser lässt sich bei Tieren und Pflanzen nachweisen.

Die Feindschaft gegen den Islam! Warum?

Wenn wir die Stellung der Religionen auf der Erde betrachten, erkennen wir, dass der Islam eine Religion ist, die von der Mehrheit der Leute verabscheut wird. Was ist der Grund für diese offene Feindschaft? Wir prüfen nach, welche Leute ihre Feindschaft gegen den Islam offen zur Schau stellen, dann unterteilen wir sie in folgende Kategorien:

1) Es bekämpfen ihn: Die Polytheisten (Götzendiener) und die Unwissenden, denn der Islam ist die wahre Religion, die nicht erlaubt, irgendetwas oder irgendjemand anderen außer Allah (= Gott!) anzubeten oder zu dienen (Monotheismus). Allah (﷾) sagt:

《Sag: Wollt ihr mir denn wirklich befehlen, einem anderen als Allah zu dienen, ihr Toren?》 (Qur'an 39:64)

2) Es bekämpfen ihn: Diejenigen, deren natürliche Veranlagung (Fitra) verdorben ist, denn der Islam ist die Religion der gesunden und reinen natürlichen Veranlagung (Fitra) des Menschen. Allah (﷾) sagt:

《So richte dein Gesicht aufrichtig zur Religion hin als Anhänger des rechten Glaubens, (gemäß) der natürlichen Anlage Allahs, in der Er die Menschen erschaffen hat. Keine Abänderung gibt es für die Schöpfung Allahs. Das ist die richtige Religion. Aber die meisten Menschen wissen nicht.》 (Qur´an 30:30)

3) Es bekämpfen ihn: Die Ungerechten, denn der Islam ist die Religion der Gerechtigkeit. Allah (﷾) sagt:

《Allah gebietet Gerechtigkeit, gütig zu sein und den Verwandten zu geben; Er verbietet das Schändliche, das Verwerfliche und die Gewalttätigkeit. Er ermahnt euch, auf dass ihr bedenken möget.》 (Qur´an 16:90)

4) Es bekämpfen ihn: Die Unheilstifter, denn der Islam ist die Religion der Rechtschaffenheit und der Verbesseung. Allah (﷾) sagt:

《Und sie bemühen sich, auf der Erde Unheil zu stiften. Aber Allah liebt nicht die Unheilstifter.》 (Qur'an 5:64)

5) Es bekämpfen ihn: Die Übertreter, denn der Islam ist die Religion des Friedens. Allah (ﷻ) sagt:

《Und kämpft auf Allahs Weg gegen diejenigen, die gegen euch kämpfen, doch übertretet nicht! Allah liebt nicht die Übertreter. 》 (Qur'an 2:190)

6) Es bekämpfen ihn: Die Fanatiker und die Extremen, denn der Islam ist eine gemäßigte Religion. Allah (ﷻ) sagt:

《Und so haben Wir euch zu einer Gemeinschaft der Mitte gemacht, damit ihr Zeugen über die (anderen) Menschen seiet und damit der Gesandte über euch Zeuge sei.》 (Qur'an 2:143)

7) Es bekämpfen ihn: Die Leute mit tierischen Gelüsten und satanischen Vorstellungen, denn der Islam ist die Religion der Keuschheit.

Allah (ﷻ) sagt:

《Und nähert euch nicht der Unzucht. Gewiss, sie ist etwas Abscheuliches und wie böse ist der Weg.》 (Qur'an 17:32)

8) Es bekämpfen ihn: Menschen, die gierig nach dieser Welt sind, denn der Islam ist die Religion der Unterstützung und Barmherzigkeit, welche die Ausnutzung der Schwachen bekämpft.

Allah (ﷻ) sagt:

《Und zehrt nicht euren Besitz untereinander auf nichtige Weise auf und bestecht nicht damit die Richter, um einen Teil des Besitzes der Menschen in sündhafter Weise zu verzehren, wo ihr (es) doch wisst. 》 (Qur'an 2:188)

9) Es bekämpfen ihn: Menschen, die alle anderen herabwürdigen und sich selbst als eine über der ganzen Menschheit stehende besondere Rasse betrachten. Aber der Islam ist die Religion der Gleichheit, welche Rassismus und Vorurteile aller Art bekämpft.

Allah (ﷻ) sagt:

❴**Du wirst ganz gewiss finden, dass diejenigen Menschen, die den Gläubigen am heftigsten Feindschaft zeigen, die Juden und diejenigen sind, die (Allah etwas) beigesellen. Und du wirst ganz gewiss finden, dass diejenigen, die den Gläubigen in Freundschaft am nächsten stehen, die sind, die sagen: „Wir sind Christen". Dies, weil es unter ihnen Priester und Mönche gibt und weil sie sich nicht hochmütig verhalten.**❵ (Qur'an 5:82)

Allah (ﷻ) sagt:

❴**Oh ihr Menschen, Wir haben euch ja von einem männlichen und einem weiblichen Wesen erschaffen, und Wir haben euch zu Völkern und Stämmen gemacht, damit ihr einander kennen lernt. Gewiss, der Geehrteste von euch bei Allah ist der Gottesfürchtigste von euch. Gewiss, Allah ist Allwissend und Allkundig.**❵ (Qur'an 49:13)

Gründe, welche eine große Anzahl von Menschen dazu bewegen, Muslime zu werden

Da der Islam die zuletzt offenbarte Religion ist, besitzt er Vorzüge und Besonderheiten, die ihn von den anderen Religionen unterscheiden und für alle Zeiten und Orte anwendbar machen:

• Weil der Islam den Glauben an die vorherigen Offenbarungsreligionen fordert und damit eine Erweiterung dieser Religionen darstellt. Denn zum Beispiel erkennen die Juden den Al-Masîh (Jesus) nicht als Propheten an. Und die Christen erkennen Muhammad (ﷺ) nicht als Propheten an. Jedoch erkennen die Muslime Moses und Al-Masîh (Jesus) als Propheten an.

• Weil der Islam eine Verbindung zwischen dem Menschen und seinem Herrn (Rabb) bezüglich aller Angelegenheiten aufbaut.

• Weil der Islam die Religion (Diin) ist, die an alle Menschen herab gesandt wurde, egal in welchem Status sie sich befinden. Für alle Welten, nicht begrenzt auf einen bestimmten Ort oder für ein bestimmtes Volk oder für eine bestimmte Zeit. Und dies ist genau das, was den Islam u. a. von den vorigen Religionen unterscheidet. Denn die anderen Religionen waren an bestimmte Völker gerichtet, die in einer bestimmten Zeitepoche lebten. Beispielsweise in der jüdischen Religion ist es so, dass man als Jude geboren sein muss, um dem Judentum angehören zu können. Und über das Christentum sagte Jesus (ﷺ):

"Ich bin zu den verlorenen Schafen des Hauses Isrā'îl (Israel) gesandt worden." (Matthäus 24:15)

• Weil der Islam die Religion (Diin) ist, die keinen Änderungen oder Hinzufügungen unterliegt. Jedoch ist bekannt, dass alle vorherigen Religionen von den Menschen verändert wurden. **Harry G. Dormann** sagte: "Er (der Qur`an) ist eine wortgetreue Offenbarung von Gott, dem Propheten Muhammad von Gabriel diktiert, perfekt in jedem Buchstaben. Er ist ein immerwährendes Wunder, das sich selbst und Muhammad, den Propheten Gottes, bestätigt. Seine wunderbare Qualität liegt zum Teil in seinem Stil, so perfekt und hochragend, dass weder ein Mensch, noch ein Jinn einen ähnlichen Vers hervorbringen könnte, um ihn mit seinem kürzesten Vers zu

vergleichen. Zum anderen Teil liegt seine Qualität im Inhalt seiner Lehren, in den Prophezeiungen über die Zukunft und in den erstaunlicherweise exakten Informationen, die der Analphabet Muhammad nie von sich aus hätte zusammenbringen können."[29]

• Weil der Islam die vollkommene Religion (Diin) ist, welche alle Einzelheiten des Lebens und des Glaubens beinhaltet. Der Islam vernachlässigt nicht einmal die kleinste Sache im Leben des Muslims.

Von Abdulrahman ibn Zaid (ﷺ) wird berichtet, dass zu Salman gesagt wurde: "Euer Gesandte (ﷺ) hat euch über alles unterrichtet, sogar über die Notdurft." Woraufhin Salman sagte: "Ja, er hat uns angewiesen, bei der Verrichtung unserer Notdurft (Urinieren usw.) nach Möglichkeit nicht in Richtung Qiblah (Ka`bah) zu sein. Und uns nicht mit der rechten Hand zu reinigen, auch dies nicht mit weniger als drei Steinen zu tun, oder wir können uns mit einem Knochen reinigen." (Sahih Muslim, Hadith Nr. 262)

Abbildung: Dieses Exemplar des Qur`an, das mit flüssigem Gold auf Papyrus geschrieben wurde, beweist das Interesse der Muslime, das sie für die Erhaltung des Qur`an aufweisen.

W. Thomas Arnold sagte: "Gerechtigkeitssinn ist eines der wundervollsten Ideale des Islam; denn als ich im Qur`an las, fand ich diese dynamischen Lebensprinzipien: nicht Mystik, sondern praktische Sittenlehre für die

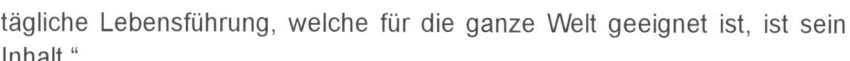
tägliche Lebensführung, welche für die ganze Welt geeignet ist, ist sein Inhalt."

- Weil der Islam die Religion ist, welche die seelischen und körperlichen Bedürfnisse der Menschen in einem erstaunlichen Gleichgewicht hält, indem er jegliche Art von Übertretungen ablehnt und damit das Leben des Menschen in einem wunderbaren Gleichgewicht hält und ordnet.

Prinz Charles (das Buch: Der Islam und der Westen/ Ansprache des Prinzen Charles am Oxford-Zentrum für islamische Studien im Jahre 1993) sagte: "Der Islam kann uns eine Methode für das Zusammenleben und Verständnis in der Welt lehren, was die christliche Religion versäumt hat. Denn der Islam lehnt die Trennung zwischen dem Menschen, der Natur, der Religion (Diin), des Wissens, des Verstands und der Materie ab."

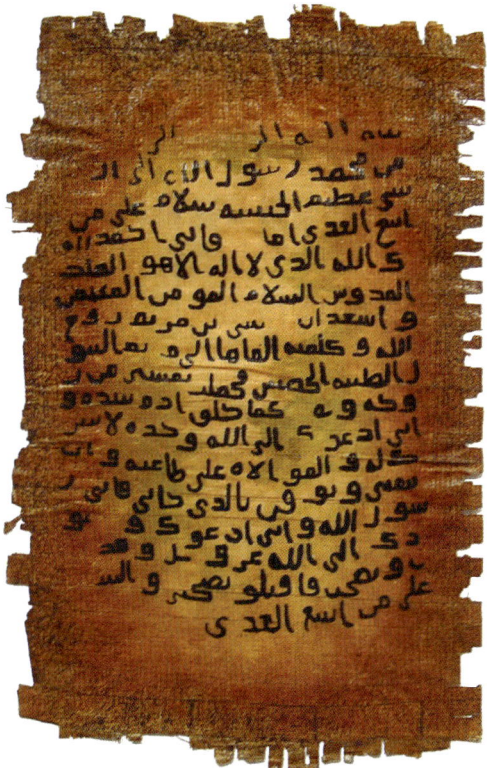

Übersetzung:
Ich beginne im Namen
Allahs, des Allerbarmers,
des Barmherzigen. Von
Muhammad, dem Gesandten
Gottes an Negus, Herrscher
von Abessinien. Friede
sei auf dem, der der
Rechtleitung folgt. Ich
preise Allah, es gibt keinen
Gott außer Ihm, und ich
bezeuge, dass Jesus, Sohn
von Maria nicht mehr
als ein Geist von Ihm
geschaffen war; den Er der
guten und reinen Jungfrau
Maria gewahrt hat, so dass
sie Jesus empfing. Allah
schuf ihn mit Seiner Hand,
so wie Er Adam erschaffen
hat. Ich rufe dich dazu auf,
nur Allah zu verehren und
Ihm keine Partner zur Seite
zu stellen und dich an Seine
Gebote zu halten.

• Weil der Islam die Religion (Diin) ist, die im Einklang mit der gesunden natürlichen Veranlagung (Fitra) ist. **Leo Tolostoy** sagte: „Die Schari'a (die islamischen Gebote, Rechte und Pflichten) des Qur'ans wird in der Welt herrschen, weil sie mit der Weisheit und dem Verstand harmoniert

Übersetzung:
Ich beginne im Namen Allahs, des Allerbarmers, des Barmherzigen. Von Muhammad bin Abdullah dem Gesandten Gottes an Moqoqas, dem Herrscher der Christen in Ägypten. Friede sei auf dem, der der Rechtleitung folgt. Ich rufe dich zum Islam auf. Akzeptiere den Islam und du wirst sicher sein. Gott wird dir eine doppelfache Belohnung zukommen lassen. Wenn du dich von der Botschaft Gottes trennst, wirst du die Sünden aller deiner Anhänger tragen. ❲Sag: O Leute der Schrift, kommt her zu einem zwischen uns und euch gleichen Wort: dass wir niemandem dienen außer Allah und Ihm nichts beigesellen und sich nicht die einen von uns die anderen zu Herren außer Allah nehmen. Doch wenn die sich abkehren, dann sagt: Bezeugt, dass wir (Allah) ergeben sind.❳ (Qur'an 3:64)

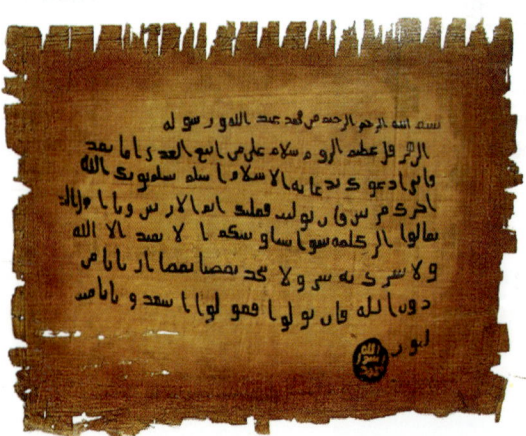

Übersetzung:
Ich beginne im Namen Allahs, des Allerbarmers, des Barmherzigen. Von Muhammad bin Abdullah dem Gesandten Gottes an Heraklios, dem Kaiser von Rom. Friede sei auf dem, der der Rechtleitung folgt. Ich rufe dich zum Islam auf. Akzeptiere den Islam und du wirst sicher sein. Gott wird dir eine doppelfache Belohnung zukommen lassen. Wenn du dich von der Botschaft Gottes trennst, wirst du die Sünden aller deiner Anhänger tragen. ❲Sag: O Leute der Schrift, kommt her zu einem zwischen uns und euch gleichen Wort: dass wir niemandem dienen außer Allah und Ihm nichts beigesellen und sich nicht die einen von uns die anderen zu Herren außer Allah nehmen. Doch wenn die sich abkehren, dann sagt: Bezeugt, dass wir (Allah) ergeben sind.❳ (Qur'an 3:64)

Schlusswort:

Das islamische Gesetz (Schari'a) ist eine vollkommene himmlische Religion und eine Verfassung für ein glückliches Leben im Diesseits und ein ewiges Leben im Jenseits.Vielleicht sehen Sie an manchen Muslimen schlechte Verhaltensweisen oder etwas Abscheuliches in ihren moralischen Werten und ihrem Verhalten. Sie als Leser sollen wissen, dass der Islam fern von solchen Verhaltensweisen ist. Dies hat mit der Unwissenheit über ihre Religion zu tun oder mit der Schwäche ihres Glaubens, was sie zu solchem Verhalten geführt hat. Deshalb dürfen Sie über den Islam nicht urteilen,

indem Sie über manche seiner Anhänger urteilen. Und dieses kleine Handbuch soll ein Schlüssel für den Anfang einer Suche nach der Wahrheit sein, welche sie durch folgendes begleitet:

1) Die absolute Neutralität und Befreiung von persönlichen Trieben und religiösen Vorurteilen.

2) Der ehrliche Wunsch, die Wahrheit zu erreichen und kennen zu lernen und nicht nach den Fehlern zu suchen.

3) Das unabhängige Denken. Ihr Urteil soll nicht die Folge eines schon gefällten Urteils einer anderen Person sein.

Allah (ﷻ) sagt:

❨Und wenn zu ihnen gesagt wird: "Flogat dem, was Allah herabgesandt hat",sagten sie: "Nein! Vielmehr folgen wir dem, worin wir unsere Väter Vorgefunden haben." Was denn, auch wenn der Satan sie zur Strafe der Feuerglut einlädt?❩ (Qur'an 31:21).

Wie du Muslim wirst.

Damit du im Islam aufgenommen bist und Muslim wirst, brauchst du keine religiösen Rituale oder Zeremonien an bestimmten Orten vor Menschen, die das sehen müssen, durchzuführen, weil es sich um eine Verbindung und Beziehung zwischen dem Diener und seinem Gott handelt: es gibt keinen Vermittler und keinen Fürsprecher. Und du brauchst dazu keine großen Mühen oder Anstrengungen auf dich zu nehmen, um Muslim zu werden. Das sind ein paar Worte, die leicht auszusprechen sind, aber diese Worte sind von großer Bedeutung, die derjenige, der Muslim sein will, aussprechen muss.

Und diese Worte sind die *Schahadatain*, die Glaubensbezeugung:

Asch-hadu an laa ilaaha illa llah wa asch-hadu anna Muhammadin ´abduhu wa rasuulu.

Das bedeutet: Ich bezeuge, dass es keinen Gott und Herrn gibt außer Allah, und ich bezeuge, dass Muhammad sein Diener und Gesandter ist. Dies ist der Schlüssel, um den Islam zu betreten. Derjenige, der dies gesagt hat, hat sich von jeglicher Religion und widersprechendem Glauben als dem Islam befreit; damit erhält er, was die Muslime erhalten, und er ist zu dem verpflichtet, wozu die Muslime verpflichtet sind.

Und wer von den «Leuten der Schrift» wie Juden und Christen, den Islam annimmt, wird seinen Lohn doppelt erhalten, und zwar weil er an seinen Propheten geglaubt hat und an die Botschaft des Propheten und Gesandten Allahs Muhammad(ﷺ) Allahs Heil und Segen auf ihm.

Das beweist die Aussage Allahs im Qur´an, Sura Al-Qasas: Ajat 52-54:
❮Diejenigen, denen Wir zuvor die Schrift gegeben haben, glauben an sie.
Und wenn sie ihnen verlesen wird, dann sagen sie: «Wir glauben daran.
Wahrlich es ist die Wahrheit von unserem Herrn; wir hatten uns (Ihm)
schon vordem ergeben.» Diese werden ihren Lohn zweimal erhalten, weil
sie geduldig waren und das Böse durch das Gute abwehrten und von dem
spendeten, was Wir ihnen gegeben hatten.❯

Noch dazu löscht Allah alle schlechten Taten und Sünden und deren
Lasten, die diese Person vor dem Islam auf sich geladen hat, denn der
Prophet Muhammad (ﷺ) Allahs Heil und Segen auf ihm, sagte: **"Der Islam
löscht das, was vor dem Islam war."**

Sogar ihre schlechte Taten werden zu guten Taten umgewandelt, denn
Allah sagt im Qur´an, Sura Al-Furqan: Ajat 68-70:
❮Und die, welche keinen anderen Gott außer Allah anrufen und niemanden
töten, dessen Leben Allah unverletzlich gemacht hat – es sei denn, (sie
töten) dem Recht nach-, und keine Unzucht begehen: und wer das aber
tut, der soll dafür zu büßen haben. Verdoppelt soll ihm die Strafe am Tage
der Auferstehung werden, und er soll darin auf ewig in Schmach bleiben,
außer denen, die bereuen und gute Werke tun; deren böse Taten wird Allah
in gute umwandeln; und Allah ist ja Allverzeihend, Barmherzig❯

Referenzen

1. W. Montgomery Watt, ein schottischer Orientalist.

2. Dr. Gustav Lebon, ein französischer Mediziner und Historiker, der mit den östlichen Kulturen vertraut war. Buch „Sie sagten über den Islam" von Dr. Imaduddin Khalil.

3. Dr. Hart besitzt einen Doktortitel in Astronomie von der Brenston Universität 1972 und ist Wissenschaftler der Physik. Buch „Sie sagten über den Islam" von Dr. Imaduddin Khalil, Seite 141.

4. Dies bedeutet, dass man die Existenz Allahs bezeugt und dass Er der Schöpfer, Besitzer und Eigentümer dieses Universums ist und dass Er allein all die Angelegenheiten im Universum an(ordnet). Er ist der Einzige Verursacher jeden Geschehens; nichts kommt zustande, außer durch Seinen Willen und nichts ereignet sich, ohne dass Allah es entscheidet.

5. Dies bedeutet, dass man bezeugt, dass Allah der einzig wahre Gott ist, Der es verdient verehrt und abgebetet zu werden und dass jeder Akt der Verehrung nur für Ihn ausgeführt werden darf.

6. Dies bedeutet, dass man an die Einzigartigkeit Seiner Namen und Attribute glaubt und dass die schönsten Namen und Attribute nur Allah gebühren und dass Er fern von jeglicher Unvollkommenheit ist.

7. William H. Allen, Wörterbuch technischer Fachbegriffe des Luftraums, Erste Ausgabe.

8. Dr. Gustav Lebon, Buch „Sie sagten über den Islam" von Dr. Imaduddin Khalil, Seite 135.

9. George A. L. Sarton (1884-1956) war ein in Belgien geborener US-amerikanischer Wissenschaftshistoriker. Sarton hat in Gent Philosophie studiert, hat sich aber auch mit der Mathematik und der Chemie beschäftigt. Seit dem Jahr 1913 hat er in der Zeitschrift Isis – 1912 von ihm begründet – zahlreiche Arbeiten aus dem Bereich der Wissenschaftsgeschichte veröffentlicht.

10. Heroes, Hero-Worship and the Heroic in History

11. James H. Jeans, Wissenschaftler der Astronomie, Astronomy and Cosmonogy, Sir James H. Jeans, Seite15

12. V. Slipher, paper presented to the American Astronomical Society (1915)

13. Edwin Hubble (1929). "A relation between distance and radial velocity among extra-galactic nebulae". Proc. Nat. Acad. Sci. 15: 168-173.

14. Zaghlul Al-Najjar, As-samaa (Der Himmel)

15. Für weitere Informationen hierüber:
    http//www.esa.int/esaSC/SEM75BS1VED_extreme_0.html

16. Siehe: The Merck Manual, 18. Ausgabe unter „altitude sickness".

17. Er war der Leiter der chirurgischen Klinik an der Universität in Paris.

18. Die Bibel, Der Qur`an und Wissenschaft

19. Er ist der weltberühmte Embryologe. Er war der Präsident des „Canadian Association of Anatomists", Abteilung für Anatomie und Zellbiologie an der Universität Toronto in Kanada

20. Dr. Gerald C. Goeringer ist Kursdirektor und außerordentlicher Professor für medizinische Embryologie der Abteilung für Zellbiologie, School of Medicine, Universität Georgetown, Washington, DC, USA.

21. White, Harvey E. Modern College Physics, van Nostrand 1948

22. Ozeane, Elder and Pernetta, Seite 27. Siehe auch: Oceans, Day, Trevor, Seite 46-7

23. Oceanography, Gross, Seite 205

24. Siehe: Earth Science, Tarbuck, Edward J.; Lutgens, Frederick J. pp. 509-525. Siehe auch: Mountain Meteorology, Whiteman, David C., pp. 100-116.

25. Siehe: The Atmosphere, Anthes, Richard A.; John J. Cahir; Alistair B. Fraser; und Hans A. Panofsky, Seite 269. Siehe auch: The Elements of Meteorology, Miller and Thompson, pp. 141-142. Siehe auch: Earth Science Today, Murphy, Brendan; Nance, Damian. Seite 346.

26. Die Bibel, Der Qur`an und Wissenschaft

27. Earth, Press and Siever, Seite 435. Siehe auch: Earth Science, Tarbuck and Lutgens, Seite 157. Siehe auch: The Geological Concept of Mountains in the Qur`an, El-Najjar, Seite 5. Siehe auch: Earth Science Today, Murphy, Brendan, Nance, Damian. Seite 107.

28. The Geological Concept of Mountains in the Qur`an, El-Naggar, Seite 5. Siehe auch: Mountains Chains from World of Earth Science.

29. Towards Understanding Islam, Seite 3

Allah (ﷻ) sagt:

《Wir werden ihnen Unsere Zeichen am Gesichtskreis (D.h.: in allen Himmelsrichtungen und allerorts) und in ihnen selbst (Oder: unter ihnen selbst..oder: an ihnen selbst.) zeigen, bis es ihnen klar wird, daß es (Auch: er (, der Quran)) die Wahrheit ist. Gnügt es denn nicht, daß dein Herr über alles Zeuge ist?》

(Qur'an 41:13)